# QCT 2

Quantum Consciousness Transformation

# Andrew Blake

# QCT 2

## Quantum Consciousness Transformation

Unser volles Potenzial leben mit
Quantenheilung durch
Bewusstseinstransformation

HANS-NIETSCH-VERLAG

Textbearbeitung: Dagmar Schneider-Damm
Lektorat: Ulrich Magin
Korrektorat: Hans Jürgen Kugler
Innenlayout und Satz: Hans-Jürgen Maurer
Umschlaggestaltung: Rosi Weiss
Druck: FINIDR, s.r.o., Český Těšín/Tschechische Republik

Hans-Nietsch-Verlag
Am Himmelreich 7
79312 Emmendingen

www.nietsch.de
info@nietsch.de

ISBN 978-3-86264-183-3

# Inhalt

Anmerkung: Die *kursiv gestellten* Überschriften verweisen
auf Inhalte für fortgeschrittene QCT-Anwender.

## Teil 1
## Die Philosophie von QCT 2

## Teil 2
## QCT und die Zwei-Punkt-Methode

## Teil 3
## Praktische Umsetzung von QCT

# Teil 4
## Projektplanung

# Vorwort

Liebe Leserin, lieber Leser,

wir leben in Zeiten enormer Wandlung und Transformation. Die „Quantum Consciousness Transformation" (QCT) ist nicht nur durch diesen Zeitgeist beeinflusst, es unterstützt ihn auch aktiv. So ist es nicht verwunderlich, dass sich QCT seit seiner Konzeption im Jahre 2009 rasant entwickelt hat. Die Grundlage für das Verständnis und die Anwendung von QCT wurde im ersten QCT-Buch (erschienen 2010) ausführlich dargelegt. Die Verkaufszahlen und die Rückmeldungen der Leser belegen, dass QCT für viele Menschen von großem Nutzen ist.

In *QCT 2*, das Sie gerade in den Händen halten, begeben wir uns auf die nächste Ebene der QCT, sowohl im Verständnis der Philosophie als auch in der Anwendung der Zwei-Punkt-Methode und ihrer praktischen Verwendung im Alltag. Sie lernen, die Zwei-Punkt-Methode ohne Einsatz der Hände überall und jederzeit einzusetzen. Das erhöht ihre Effektivität enorm. Ich entwickelte diese Vorgehensweise Ende 2009 und ich lehre sie seit 2010 in meinen Seminaren. Nun wird die Methode erstmalig in einem Buch beschrieben.

Auch wenn ich empfehle, dass Sie zuerst mein erstes Buch mit dem Titel *QCT* lesen, um ein wirklich fundiertes Verständnis der Technik und Philosophie zu erlangen, so ist es für *QCT 2* nicht unbedingt Voraussetzung. Denn ich stelle jedem Bereich eine kurze Einführung und einen Überblick voran. Sollten Sie jedoch merken, dass Ihnen manche Dinge zu knapp erklärt sind oder Sie den Einstieg in die Methodik so nicht schaffen, dann beginnen Sie bitte als QCT-Neuling die Reise mit dem ersten QCT-Buch. Für diejenigen unter Ihnen, die mit meinem ersten QCT-Buch vertraut sind, wurden im Inhaltsverzeichnis die Überschriften, unter denen sich neue Inhalte finden, kursiv gestellt; im Text wird zudem auf die Seiten verwiesen, wo Sie weiterlesen können, wenn Sie keine kurze Wiederholung der für Sie bekannten Themen wollen. Allerdings kann eine kurze Auffrischung der Vertiefung des Verständnisses durchaus dienlich sein.

Während ich dieses Buch schreibe, haben bereits über 4000 Menschen QCT direkt bei mir und weitere Zehntausende Menschen über das erste QCT-Buch und Heimstudienkurse kennengelernt. Die vielen positiven und teilweise berührenden Rückmeldungen über die erfolgreiche, ja manchmal wundersame Anwendung von QCT erfüllen mich mit tiefer Dankbarkeit. Ich freue mich schon darauf, auch von Ihnen zu hören, wie QCT Ihr Leben verändert hat.

Eine weitere bereichernde Entwicklung in der QCT-Arbeit ist der im letzten Jahr größer gewordene Beitrag meiner Frau Moana. Da unsere Kinder mittlerweile recht selbstständig geworden sind, konnte Moana diesen Freiraum nutzen, um mit mir wieder viel aktiver die Seminare zu gestalten. Das wurde von den Teilnehmern sehr begrüßt.

Nun freue ich mich, auch Sie in die fortgeschrittene Ebene von QCT einführen zu dürfen und wünsche Ihnen viel Erfolg bei der Umsetzung.

Mit herzlichen Grüßen
*Andrew Blake*

# Einleitung

QCT entwickelte sich aus meinen persönlichen Erfahrungen in den vergangenen 25 Jahren im Bereich Persönlichkeitsentwicklung und spirituelles Wachstum.

QCT basiert auf drei Säulen: Philosophie, Transformationsmethode und Integrierung in den Alltag.

Der Kombination dieser Aspekte verdankt QCT seinen großen Erfolg. Die Zwei-Punkt-Methode ist eine hochwirksame, seit Jahrtausenden erprobte, kinderleicht zu erlernende und vielseitig anwendbare Methode der Energietransformation. Sie ist eingebettet in eine pragmatische Philosophie, die den Anwender befähigt, tiefe Zusammenhänge zu erkennen und vielschichtige Blockaden aufzulösen. QCT lässt sich einfach und praktisch umsetzen. Das geschieht durch erprobte Konzepte zur Integrierung in den Alltag und durch gezielte Projektplanung. Das Ganze vermittle ich nicht als trockene Theorie und Hypothesen, sondern aus meinen langjährigen Erfahrungen als spiritueller Mensch, der die Rollen Vater, Ehemann, Unternehmer, Kreativer und so weiter bewusst spielt, um die innere Freiheit immer stärker wiederzuerkennen.

Ich lade Sie, liebe Leserin und lieber Leser, dazu ein, sich mit QCT auf die Reise zu begeben und Ihre Berufung zu entdecken und zu leben – oder, sollten Sie diese schon leben, ihre erfolgreiche Umsetzung zu vertiefen.

Das Buch ist in vier Teile gegliedert: Philosophie, Methode, Alltagsumsetzung und Projektplanung.

Die Philosophie bietet einen Rahmen für das bessere Verständnis der Methode und hilft uns, diese tiefer gehend einzusetzen. Sie ist eine von vielen möglichen Sichtweisen, das heißt, Sie müssen nicht an diese Philosophie glauben, damit die Methode funktioniert, Sie müssen sie nicht einmal gelesen haben. Aber sie kann dabei helfen, unseren Horizont zu erweitern und bei der Arbeit bessere Resultate zu erzielen.

Die Zwei-Punkt-Methode wird in diesem Buch auf die nächste Ebene der Anwendung gehoben und mit einer weiteren Methode kombiniert. Ihre Effektivität steigert sich dadurch enorm. Außerdem erlebt der Anwender eine deutliche Beschleunigung seiner Prozesse.

An der Art und Weise, wie sie sich im Alltag umsetzen lässt, bemisst sich der Grad der Wirkung der QCT. Nur wenn wir unser Wissen auch einsetzen, hat es Wert und ermächtigt uns, die Dinge zu verändern. Deshalb gehen wir in diesem Buch tiefer darauf ein und betrachten auch die subtilen Ebenen dieses Aspektes und wie wir mit Problemen bei der Umsetzung umgehen.

Die Projektplanung ist ein hervorragendes Werkzeug, um unsere Träume und Visionen zu manifestieren. Dieses Instrument verbindet die spirituelle Ebene, von der unsere Berufung ausgeht, mit dem Transformationswerkzeug Zwei-Punkt-Methode und bettet es so in eine langjährig erprobte, praktische Vorgehensweise ein, die greifbare Resultate bringt.

# Teil 1

# Die Philosophie von QCT 2

# Überblick

In meinem ersten QCT-Buch wurde ausführlich dargelegt, wie dieses illusorische Universum entstanden ist und
nach welchen Gesetzmäßigkeiten es funktioniert. Deshalb
werde ich an dieser Stelle nur einen kurzen Überblick
geben, um darauf aufbauend tiefer in die Materie einzu-
dringen.

Wer diesen Teil bereits kennt und keine Auffrischung
möchte, kann auf Seite 25 weiterlesen.

Wer die lange Version erfahren möchte, möge sie im ersten Buch nachschlagen.

## Die Entstehung unseres Universums

Beginnen wir also am Anfang. Dieses Universum ist das
Resultat eines Irrtums. Das hört sich harsch oder lächerlich an. Ich möchte hier niemandem bezüglich seiner
Weltsicht oder religiösen Überzeugung zu nahe treten. Betrachten wir diesen Ansatz deshalb einfach als eine weitere Geschichte, als eine Möglichkeit unter vielen. Sollten
Teile dieser Geschichte Ihnen als Leserin oder Leser bei
einer tieferen Transformation dienlich sein, dann hat
meine Sichtweise schon ihren Zweck erfüllt.

Der Irrtum, den ich hier anspreche, ist die Annahme,
wir seien von unserer Quelle getrennt. Es gibt unterschiedliche Namen für diese Quelle: Gott, Allah, großer
Geist, reiner Geist, reine bedingungslose Liebe und so
weiter. Dieser Gedanke der Trennung führt zuerst einmal
zu emotionalen Zuständen, die wir im Zustand der Einheit mit der Quelle nicht kennen, nämlich zu den Emotionen Schuld, Angst und Aggression. Außerdem ist dies
die Geburtsstunde des Ego, mit dem sich unser Geist in
diesem scheinbaren Trennungsprozess vereint. Das Ego

sorgt durch Projektion für die Entstehung von Energie und Bewusstsein. Mit anderen Worten: In dem Augenblick, an dem sich unser unbewusster Geist mit der Wahnidee, genannt Ego, verbindet und den Gedanken der Trennung nach außen projiziert, entsteht unser Universum. Die Wissenschaft nennt diesen Augenblick Urknall, den *Big Bang*. In diesem Augenblick werden riesige Energiemengen freigesetzt, die sich in alle Richtungen ausdehnen.

Energie ist somit das direkte Resultat eines projizierten Gedankens: des Gedankens der Trennung. Physikalisch ausgedrückt könnte man die Schwingung, die dieser Trennungsgedanke in sich trägt, auch mit Differenzierung beschreiben. Genau das passiert dann in endloser Wiederholung. Die Ursprungsenergien des Universums breiten sich immer weiter aus und differenzieren sich dabei immer mehr. Unzählige Schwingungsmuster entstehen, die in Interferenz gehen und sich anziehen und abstoßen. Die Energie verdichtet sich dabei immer weiter, bis irgendwann subatomare Teilchen entstehen, daraus Atome und schließlich Moleküle. Das sind die Grundbausteine unserer sogenannten materiellen Welt. Das dauert an, bis irgendwann Menschen auf der Bildfläche erscheinen und diese verdichtete Energie Materie nennen. Allerdings ist das nur die Interpretation aufgrund unserer menschlichen Sinneseindrücke. Das Universum ist nach wie vor energetischer Natur, auch wenn wir es als feststofflich und solide erfahren.

Dies ist der erste wichtige Punkt in dieser Geschichte: Solange wir unseren Sinneseindrücken und deren Interpretation folgen, sind wir den sehr begrenzten Parametern einer scheinbar physischen Welt ausgeliefert. Wir haben Körper, werden alt, krank und schwach und sterben irgendwann einmal. Diese Körper verfügen über relativ begrenzte Fähigkeiten; Gesetze wie Schwerkraft und Fliehkraft schränken unseren Erlebnishorizont beträchtlich ein. Wenn wir aber erkennen, dass das alles nur unserer Sichtweise entspricht und dieses Universum trotz unserer illusorischen Weltsicht immer noch reine Energie ist, dann können wir aus den Vorteilen dieser erweiterten Weltsicht Nutzen ziehen.

## Das Resonanzgesetz

Eine der grundlegendsten energetischen Gesetzmäßigkeiten ist das Resonanzgesetz. Es besagt, dass gleiche oder ähnliche Schwingungen sich anziehen. Im Volksmund würde man sagen: „Gleich und Gleich gesellt sich gern." Wenn wir also bedenken, dass unser Körper nicht wirklich physisch ist, sondern letztlich nur aus Energie besteht, weil er sich wie alles andere im Universum aus Molekülen, Atomen und subatomaren Teilchen zusammensetzt, dann folgt daraus, dass unser Körper eine bestimmte Schwingung ausstrahlt und dementsprechend im Außen korrespondierende Energien anzieht.

Das Gleiche gilt für unsere Emotionen und Gefühle, die ich später noch genauer differenzieren werde, und unsere Gedanken. Sie alle sind nur unterschiedliche Schwingungsebenen, die wir ausstrahlen. Jeder Gedanke, den wir denken – es sind Zehntausende Gedanken am Tag –, strahlt durch unseren emotionalen und physischen Körper, bevor er auf den Rest des Universums wirkt. Machen wir uns zum Beispiel Sorgen, dann verursacht das in unserem Emotionalkörper eine entsprechende Emotion. Die Schwingung dieser sorgenvollen Gedanken und sorgenvolle Emotionen strahlen zuerst auf alle unsere Zellen aus und verändert deren biochemische Abläufe, bevor sie über unsere Aura in die Welt gehen, um dort wie ein Magnet entsprechende Umstände und Personen anzuziehen, die zu dieser sorgenvollen Schwingung passen.

## Das Spiegelgesetz

Das Resonanzgesetz besagt, dass die energetische Ausstrahlung eines jeden Gedankens, jedes Gefühls und jeder Zelle unseres Körpers ähnliche Energie anzieht. Daraus folgt, dass wir die Umstände unseres Lebens anziehen. Die äußeren Umstände sind also der Spiegel, der uns zeigt, was wir ausstrahlen. Das ist eine sehr praktische Sache, wenn wir sie annehmen können. Unser Ego will von all diesen Dingen nichts hören, denn sie untergraben seine Vormachtstellung in unserem Leben. Aber sobald wir anfangen, Tatsachen wie Resonanz- und Spiegelgesetz zu erkennen und anzunehmen, können wir sie zu unserem Vorteil nutzen. Denn im Grunde ist das Spiegelgesetz ein hervorragendes Biofeedback-System, das uns in jedem Augenblick zeigt, was wir ausstrahlen. Das ist die erste Ebene der Erkenntnis: Wir sind nicht getrennt vom Rest der Welt. Damit haben wir das Erleben unserer Realität, sprich unser Leben, selbst in der Hand. Wir sind nicht länger Opfer, sondern Schöpfer.

Erkennen und akzeptieren wir das, bleibt nur eine sinnvolle Schlussfolgerung: Wollen wir unser Leben nachhaltig verändern, müssen wir das verändern, was wir ausstrahlen. Denn nur so wird sich das Spiegelbild, das wir unser Leben nennen, verändern. Es stellt sich natürlich die Frage, wie wir diese Ausstrahlung von Gedanken, Emotionen et cetera ändern können, vor allem, wenn uns klar wird, dass das meiste davon unbewusst und somit scheinbar jenseits unserer Kontrolle abläuft. Bevor ich auf die Methode eingehe, möchte ich über eine weitere Eigenschaft der Energie sprechen, damit wir die Funktionsweise der Zwei-Punkt-Methode verstehen können.

# Welle oder Teilchen

Ein Aspekt der Energie ist, dass sie entweder als Welle oder Teilchen auftritt. Anders gesagt: Energie fließt oder stagniert. Auf unserer menschlichen Erfahrungsebene heißt das, dass wir den Energiefluss erleben und ihn als Gesundheit, Wohlbefinden, Harmonie in unseren Beziehungen, finanzielle Fülle und so weiter interpretieren. Oder wir erleben stagnierte, sprich blockierte Energie als Schmerz oder Krankheit, Konflikt in unseren Beziehungen, Geldmangel oder Ähnliches. Von der energetischen Perspektive aus betrachtet ist jedes Problem, das wir erleben, ein Ausdruck von blockierter Energie. Somit ist die Lösung für jede Art von Problemen dieselbe, nämlich die Transformation der Energieblockade.

Dies mag beim ersten Lesen als zu einfach erscheinen, aber im Grunde weist es tatsächlich eine ganz einfache, nachvollziehbare Logik auf. Wir betrachten unser menschliches Dasein nur aus einer anderen Warte heraus und plötzlich werden Dinge, die vorher unmöglich schienen, leicht. Nehmen wir als Beispiel ein gesundheitliches Thema. Anstatt unseren Körper durch die subjektive und verzerrte Wahrnehmung unserer Sinne zu empfinden und zu dem Schluss zu kommen, dass wir ein ernstes Problem haben, weil ein Organ nicht richtig funktioniert, erinnern wir uns, dass unser Körper aus unzähligen Zellen, Molekülen, Atomen und subatomaren Teilchen besteht.

Quantenphysikalisch betrachtet ist unser Körper ein in ständiger Veränderung begriffenes Energiefeld. Jeder Gedanke, jede Emotion und jede biochemische Reaktion in unseren Zellen verändert dieses Energiefeld. Im Großen und Ganzen fließt die Energie, aber in bestimmten Teilbereichen geschieht das nicht. Diese teilweise vorhandene Energieblockade nennt ein Arzt zum Beispiel „Magengeschwür". Anstatt das Problem auf der physischen Ebene zu bekämpfen, verlagern wir unsere Betrachtung auf die energetische Ebene und bringen die Energieblockade wieder in Fluss. Das Magengeschwür, das eine Auswirkung beziehungsweise Ausdrucksform der Energieblockade ist, verschwindet, sobald sich die Blockade auflöst.

> Das Leben ist ganz einfach, wenn man sich
> auf das Wesentliche fokussiert.

## Die Zwei-Punkt-Methode

Bei diesem Ansatz kommt die Zwei-Punkt-Methode ins Spiel. Dabei handelt es sich um eine uralte Methode der Energietransformation, die in allen Lebensbereichen eingesetzt werden kann. Sie wirkt auf der Quantenebene und bringt blockierte Energien, ganz gleich, wie diese sich äußern, wieder in Fluss. Die Zwei-Punkt-Methode ist keine Hexerei. Sie funktioniert nach den gleichen Prinzipien, nach denen wir auch anderweitig unser Leben gestalten. Wir richten unsere Aufmerksamkeit auf etwas, wir setzen eine klare Intention, und die Energie folgt dieser Ausrichtung. Dadurch gestaltet sich die Realität entsprechend. In Teil 2 dieses Buches beschreibe ich die Methode im Detail.

# Das holografische Universum

Ein weiterer hilfreicher Aspekt über die Beschaffenheit dieses Universums ist die Erkenntnis, dass das Universum holografischer Natur ist.

Holografisch bedeutet, dass jeder Teil das Ganze enthält. Das ist eine Grundeigenschaft dieses energetischen Universums. Jedes Atom funktioniert nach den gleichen Gesetzmäßigkeiten wie ein Sonnensystem oder eine Galaxie. Alles in diesem energetischen Universum ist durch eine bewusste Matrix (Blaupause) verbunden. Durch diesen Bauplan ist jeder Teil in diesem Universum mit jedem anderen vernetzt. Es lässt sich mit dem Internet vergleichen, in dem jeder einzelne Computer mit Internetanschluss über das Netzwerk mit jedem anderen Computer der Welt verbunden ist. Jeder Computer verfügt über den potenziellen Zugang, vorausgesetzt der Benutzer weiß, wie dieser Zugang herzustellen ist. Genauso haben wir als scheinbar getrennte Individuen über unser Bewusstsein und Werkzeuge wie die Zwei-Punkt-Methode Zugang zu jeder Information oder Energie in diesem Universum. Auf die praktische Umsetzung des Wissens um diese holografische Natur gehe ich in Teil 2 und 3 näher ein.

Wir leben sogar in zweierlei Hinsicht in einem Hologramm. Zum einen, weil das ganze Universum aufgrund seiner holografischen Natur und der Interaktion zwischen Bewusstsein und Energie ein Hologramm ist. Zum anderen, weil sich jeder von uns in seinem persönlichen Universum bewegt. Wir wandeln durch unser privates Holodeck. Das Holodeck ist ein Computersimulationsraum in der Fernsehserie „Raumschiff Enterprise", der Erlebniswelten erschaffen kann. Die Menschen und Situationen in unserem Leben sind nicht zufällig da, sie wurden durch unsere energetische Ausstrahlung angezogen.

# Eigenschaften von Energie

Wir stellten fest, dass alles in diesem Universum Energie ist. Eine der Haupteigenschaften der Energie ist, dass sie als Informationsträgerin wirkt. Durch das Fixieren oder „Festfrieren" von Schwingungsmustern wird eine spezifische Information übertragen, die sich auf unterschiedliche Art und Weise abrufen lässt. Ein Musikstück zum Beispiel ist eine bestimmte Klangfolge, die auch als mathematische Zahlenreihe, geometrische Formationen, Vibrationen oder Farben dargestellt werden könnte. Ganz gleich, wie man das Musikstück aufnimmt, es wird immer dieselbe Information übermittelt. Anders gesagt: Unabhängig davon, welchen Zugang man wählt, es bleibt eine codierte Information, die in einer bestimmten Energieform übertragen wird.

Außerdem sind Energie und Bewusstsein untrennbar miteinander verbunden. Sie sind wie die beiden Seiten derselben Münze. Bewusstsein ist das, was im Augenblick der scheinbaren Trennung von unserer Quelle entsteht. In der Einheit existiert kein Bewusstsein, sondern nur reines Gewahrsein. Bewusstsein wird erst in der Dualität möglich, da ich etwas benötige, mit dem ich mich vergleichen kann, um so ein Bewusstsein über mich entwickeln zu können, also selbst-bewusst zu werden. Energie und Bewusstsein sind durch die Frequenz miteinander gekoppelt. Je höher die Schwingung, desto höher ist das Bewusstseinsniveau. Je niedriger die Frequenz, desto niedriger ist das Bewusstsein. Ein ganz alltägliches Beispiel dafür ist die Ernährung. Wenn wir etwas Schweres essen, wird nicht nur unser Körper schwer und schläfrig, auch unser Geist und unsere mentalen Fähigkeiten erweisen sich als zäh und langsam. Dieses Zusammenspiel von Energie und Bewusstsein zieht sich prinzipiell durch alle

Ebenen. Wir werden in Teil 3 dieses Buches noch tiefer darauf eingehen, wenn es gilt, diese Prinzipien im Alltag umzusetzen.

Wenn dieses Universum nur aus Energie besteht und Energie mit Bewusstsein gekoppelt ist, dann leben wir in einem bewussten Universum.

### Jedes Atom hat Bewusstsein.

Wir Menschen sind Teil dieses bewussten Universums und durch unser individuelles Bewusstsein mit dem gesamten Universum verbunden. Wir sind wie ein Wassertropfen im Ozean oder vielmehr wie ein Wassertropfen in der Gischt einer Welle, der gerade durch die Luft fliegt, bevor er nach ein paar Sekunden wieder in die Welle fällt, aus der er stammt. Die Welle kann in dieser Metapher als unsere Seele gesehen werden, die sich zwar für eine kurze Zeit als einzelne Welle aus dem gewaltigen Ozean erhebt und in dieser kurzen Zeit unzählige Wassertropfen als Gischt verspritzt, von denen jeder eine einzelne Inkarnation symbolisiert. Letztlich aber kann man weder die Welle noch die von ihr versprühten Wassertropfen wirklich vom Ozean trennen.

Als einzelner Wassertropfen können wir uns ein paar Sekunden lang (das entspricht einem menschlichen Leben) einbilden, eine vollkommen unabhängige Entität zu sein, getrennt von all den anderen Wassertropfen. Diese Einbildung jedoch hält nur so lange, bis wir wieder mit unserer Welle (das entspricht der Seele) verschmelzen. Als Seele können wir uns für ein Individuum halten, das mit dem Ozean verbunden ist, aber nur so lange, bis die Welle wieder im Ozean versinkt und untrennbar eins mit ihm wird. Dann verschwindet auch diese subtile Form der Trennung – alles, was bleibt, ist das Eine, das immer war, ist und sein wird. Das ist unsere Essenz.

Wenn wir bei der Anwendung der QCT von Bewusstsein sprechen, von Bewusstseinstransformation, von Auflösen und Integrieren, von zukünftigen Aspekten und von unserer persönlichen Entwicklung, dann bewegen wir uns in der Illusion dieses Universums. Das ist vollkommen in Ordnung, denn wir müssen dort anfangen, wo wir stehen. Es bringt nichts, wenn wir nur sagen: Alles ist Eins, wir sind Teil von Gott und alles ist perfekt. Das im Kopf zu wissen ist nur der allererste Schritt auf einer langen Reise zur Selbsterkenntnis. Wollen wir wirklich voranschreiten, kommen wir nicht umhin, dieses Spiel im Bewusstsein zu verstehen. Wir müssen seine Spielregeln kennen und beherrschen lernen. Dann können wir aktiv mitspielen und uns Schritt für Schritt von der Illusion in Richtung Freiheit bewegen. Und irgendwann werden wir aus dem Traum von der Trennung erwachen und lachen.

Bei QCT nutzen wir die Zwei-Punkt-Methode als Hilfsmittel für die fortwährende Bewusstseinserweiterung. Wir tun dies, indem wir Blockaden auflösen, hilfreiche Informationen integrieren und uns mit anscheinend zukünftigen Aspekten von uns selbst verbinden.

Das Ganze führen wir in diesem Buch auf die nächste Ebene. Das vollziehen wir zuerst theoretisch und dann ganz praktisch durch die Art und Weise, wie wir die Zwei-Punkt-Methode von jetzt an einsetzen. Näheres erfolgt bei der Erläuterung der Methode in Teil 2 dieses Buches. Zuerst einmal tauchen wir tiefer in das Verständnis ein, dass alles eins ist.

# QCT 2 – die Fortgeschrittenenebene

Wie wir schon in meinem ersten QCT-Buch festgestellt haben, gab es, gibt es und wird es immer nur das Eine geben. Wir können es mit allen möglichen Namen belegen, von Gott über Allah zu reiner Geist oder was uns gerade gefällt. Wir können den Zustand umschreiben mit reiner bedingungsloser Liebe, grenzenloser Freude, tiefstem Frieden und unendlicher Fülle. All das sind schale Worte und mentale Konzepte, bis wir es erleben. Dann erkennen wir, dass es das einzig Wahre ist. Alles andere, was unser Ego bisher für real und erstrebenswert hielt, erkennen wir dann als den Traum, der er ist und aus dem wir erwachen wollen, weil er uns nicht mehr befriedigt. Dies ist ein gradueller Prozess, denn wir haben uns mit dem Ego identifiziert und aus dieser Identifikation heraus eine Scheinwelt projiziert. Dadurch sind wir mit dem Ego und seiner illusorischen Welt verwoben. Das führt dazu, dass wir die Ego-Zustände mit unseren natürlichen Zuständen verwechseln.

Wenn unser Ego Angst bekommt, weil wir uns wieder vermehrt an unsere wahre Natur erinnern, dann fühlen wir diese Angst auch, interpretieren sie oft fälschlicherweise als unsere Angst und weichen dann vor weiteren Schritten zurück, die Richtung Freiheit führen. Wenn wir unsere Ego-Identifikation Schicht für Schicht auflösen, tauchen immer wieder Zustände von absoluter Existenzangst auf, denn unsere Ego-Existenz verschwindet tatsächlich zunehmend. Es ist wichtig, dass wir das verstehen, damit wir die Dinge von der richtigen Perspektive aus betrachten. Auch die klare Unterscheidung zwischen Emotionen und Gefühlen verhilft zu innerer Klarheit und bei der Wahl der richtigen Perspektive.

Für mich sind sämtliche Emotionen Konstruktionen des Ego. Die grundlegenden Emotionen von Schuld, Angst und Aggression entstehen als direkte Folge der scheinbaren Trennung von unserer Quelle. Aus diesen Grundemotionen entwickelt das Ego im Laufe der Zeit unzählige Kombinationen und Abstufungen, sodass die menschliche emotionale Struktur irgendwann sehr komplex und schwierig erscheint. Damit verdienen ganze Heerscharen von Therapeuten ihr tägliches Brot.

Auf der anderen Seite stehen unsere Gefühle, die nach meiner Definition der bedingungslosen Liebe aus unserem wahren Sein entspringen und die sich in die folgenden Grundkategorien einteilen lassen: Frieden, Freude und Fülle, aus denen dann auch eine Vielzahl an Kombinationen und Varianten entsteht.

Wenn wir die Dinge aus diesem Blickwinkel betrachten, werden sie wesentlich einfacher. Es gibt nur Emotionen, die zum Ego gehören und als solche sämtlich genauso irreal sind wie das Ego. Und es gibt Gefühle, die unserer wahren Natur der bedingungslosen Liebe entspringen und als solche wahr sind.

Wenn wir achtsam unseren jeweiligen Zustand betrachten, können wir leicht feststellen, ob wir mit unserer Quelle verbunden oder im Ego sind. Wenn diese Bewusstheit da ist, können wir uns entscheiden, ob wir im Ego verbleiben oder etwas ändern wollen. Zur Umsetzung einer wirksamen Veränderung bedarf es zuerst einmal unserer Achtsamkeit, um zu erkennen, wo wir gerade feststecken. Dann müssen wir diesen Zustand so annehmen, wie er ist, denn weder Flucht noch Ablehnung erlauben uns den Freiraum, um zu agieren. Diesen Freiraum brauchen wir, wenn wir im nächsten Schritt etwas ändern wollen. Aus der Achtsamkeit und dem Annehmen entsteht so die Möglichkeit, dass wir uns für Transformation entscheiden, das heißt, wir können wählen, die Zwei-Punkt-Methode einzusetzen. In der Kurzform lautet diese Vorgehensweise: achtgeben – annehmen – auflösen.

Meine kleine Formel für persönliche Freiheit lautet:

Achtsamkeit und Akzeptanz befähigen zur Auflösung.

Das ist ganz leicht zu verstehen. Wenn wir unachtsam durch unser Leben gehen, bemerken wir gar nicht, in welchen Zuständen wir uns befinden. Wir reagieren nur auf die Dinge, die in unserem Spiegel auftauchen, und werden damit Opfer der Umstände. Durch Achtsamkeit gehen wir den ersten Schritt aus der Opferhaltung in Richtung Freiheit.

Der zweite Schritt ist die Akzeptanz. Denn wenn wir feststellen, dass wir beispielsweise Angst haben, uns aber selbst für diese Angst verurteilen oder versuchen, sie mit rationalen Rechtfertigungen unter den Teppich zu kehren, dann bleiben wir der Angst verhaftet und lösen sie nicht auf. Erst wenn wir sie akzeptieren, entsteht der innere Freiraum, den wir brauchen, um die freie Wahl zu treffen, diese Angst nun mithilfe der Zwei-Punkt-Methode aufzulösen.

Es geht im Grunde darum, zunehmend eine Meta-Perspektive einzunehmen, immer mehr zum Beobachter unseres eigenen Lebens zu werden. Denn da ist unser Persönlichkeitsaspekt, der größtenteils auf unserer Ego-Identifikation beruht. Er identifiziert sich mit Äußerlichkeiten, etwa Geschlecht, Nationalität, Beruf, Bildung, Meinungen und Ansichten, Erinnerungen und so weiter. Unsere Seelenebene, die über all ihre Inkarnationen gleichzeitig den Überblick hat, ist diesen Aspekten übergeordnet. Für die Seelenebene ist die Persönlichkeitsebene nicht mehr als das Kostüm eines Schauspielers, das diesen befähigt, eine Rolle zu spielen. Ziel ist, bestimmte Erfahrungen zu sammeln und Neues zu lernen. Der Seele geht es ausschließlich um ihr Wachstum und ihren Lernprozess. Um diesen zu realisieren, gibt sie jeder ihrer Inkarnationen einen Lebensplan mit auf den Weg. Wir Menschen nennen das unsere Berufung. Darauf gehe ich gleich noch näher ein. Vorher folgen noch ein paar Worte über unsere Essenz, unseren Wesenskern. Das ist etwas anderes als das, was wir als unsere Persönlichkeit betrachten.

## Die Grundthemen

Es gibt nichts, das uns die bedingungslose Liebe nehmen kann, die wir in unserer Essenz sind. Das vermag auch nicht das Ego. Doch wir können uns einbilden, von der bedingungslosen Liebe getrennt zu sein. Diese Annahme hat den gleichen Effekt, als wäre es tatsächlich so, zumindest solange wir uns in diesem dualistischen Universum zu befinden scheinen. Die scheinbare Trennung ist die Grundwurzel all unserer sogenannten Probleme, denn aus dem Trennungsgedanken entsteht die Emotion von Schuld, die zu Angst und schließlich zu Aggression führt. Daraus entwickelt sich das, was ich die Grundthemen nenne.

Betrachten wir unser menschliches Dasein so objektiv wie möglich, stellen wir fest, dass wir offenbar eine Unzahl von Problemen und Herausforderungen zu meistern haben. Manche von uns mehr und intensiver als andere, aber letztlich ist es gleich, ob wir aufgrund eines Schnupfens schlechte Laune haben oder wegen einer ernsthaften Krankheit. In beiden Fällen fühlen wir uns im Hier und Jetzt nicht mit unserer Quelle verbunden.

Es ändert kaum etwas, ob wir glauben, hundert Probleme zu haben, die uns erdrücken, oder anscheinend nur ein Problem; wir sind in jedem Fall einem Trick des Ego auf den Leim gegangen. Dieser Trick hält uns durch die ständige Verursachung von Problemen und die Suche nach Lösungen vom Erleben unserer wahren Natur im

Hier und Jetzt ab. Wenn wir deshalb unser Leben mit Abstand und frei von Urteilen betrachten und analysieren, dann werden wir feststellen, dass wir nahezu alle unsere Probleme auf die drei Grundkategorien von Schuld, Angst und Aggression reduzieren können. Somit sind unsere Probleme Ego-Konstruktionen, denn diese Emotionen entstanden erst nach der scheinbaren Trennung von der bedingungslosen Liebe, die wir sind. Folglich sind sie Teil dieses energetischen Universums, also ein Ausdruck von blockierter Energie, die durch die Zwei-Punkt-Methode wieder zum Fließen gebracht werden kann.

Ich gehe an späterer Stelle in Teil 3 bei der Umsetzung im Alltag noch näher darauf ein, wie wir uns vom Joch dieser Grundthemen befreien können. Jetzt kommt es zuerst einmal darauf an zu erkennen, was es für uns bedeutet, wenn wir uns als Teil des reinen Seins erleben.

## Schritte in die Freiheit

Wenn wir Menschen im herkömmlichen dualistischen Bewusstsein verankert sind, betrachten wir die Welt als etwas Äußeres, als etwas von uns selbst Getrenntes. Wir glauben, wir hätten nur sehr begrenzt Kontrolle über die äußeren Faktoren, die unser Leben beeinflussen. Wir haben bestimmte Glaubensmuster verinnerlicht, durch deren vorherbestimmte Wahrnehmung wir die Welt und uns selbst in ihr sehen. Ob diese Glaubensmuster religiöser, naturwissenschaftlicher oder philosophischer Natur sind, ändert wenig, gemeinsam ist ihnen allen eine grundlegende menschliche Opferhaltung. Der eine nennt es „Karma", der andere „Zufall", der Dritte nennt es „Gene".

In meinem ersten QCT-Buch sind wir einen Schritt über diese doch recht begrenzende Sichtweise hinausgegangen und haben erkannt, dass die äußere Welt der Spiegel unseres Inneren ist und unsere Gedanken, Emotionen und körperlichen Zustände ein Schwingungsfeld formen, das wir ausstrahlen. Wir ziehen also im Außen Menschen und Situationen an, die uns widerspiegeln, was wir vorher ausgesandt haben. Dieser Ansatz ist hilfreich, damit wir uns zuerst einmal aus der Illusion der Trennung lösen. Er hilft uns zu verstehen, dass wir die Dinge im Außen nicht zufällig erleben und dass wir über schöpferische Fähigkeiten verfügen, selbst wenn wir diese oft nur unbewusst und negativ einsetzen.

Auf diesen sehr wichtigen ersten Schritt folgt nun der zweite. In ihm erkennen wir, dass es gar kein Außen gibt.

Sind wir eins mit der Quelle und die Trennung hat nie wirklich stattgefunden, dann gibt es keine Welt dort draußen. Wir können es zwar so erleben, weil wir unbewusst an die Trennung glauben und uns deshalb mit unserem Körper und unserer Persönlichkeitsstruktur identifizieren, die sich aus Gedankenmustern und Emotionen zusammensetzt. Das heißt aber noch lange nicht, dass es real ist. Es ist eine hartnäckige, gut inszenierte Illusion des Ego, der wir aus Identifikation mit dem Ego unsere volle Aufmerksamkeit zollen. Das bedeutet, dass jeder Mensch und jede Situation in unserem Leben nicht nur unser Spiegel, sondern ein Teil von uns ist.

Wir begegnen immer nur uns selbst.

Diese Erkenntnis verändert einiges. Beginnen wir, unser Leben aus diesem Blickwinkel zu betrachten, erkennen wir, dass wir nicht am anderen arbeiten oder ihn verändern können, sondern immer nur uns selbst. Jeder Mensch, der zu uns kommt, um eine Zwei-Punkt-Behandlung zu erhalten, ist ein Teil von uns, der geheilt wird. Heil werden bedeutet ganz werden, in die Einheit zurückkehren. Mit jeder Anwendung der Zwei-Punkt-Methode bringen wir einen kleinen Teil von uns, der an

die Trennung geglaubt hat, wieder nach Hause in das All-
eins-Sein.

All die großen und kleinen Alltagssituationen, die uns
traurig, frustriert, gereizt, sorgenvoll und so weiter werden
lassen, sind nicht nur ein Spiegel dieser Zustände in unserem Unbewussten, sie sind tatsächlich ein Teil von uns,
den wir nach außen projiziert haben, um ihn zu erkennen
und zu heilen.

### Wahre Heilung geschieht im Geist.

Da jede Krankheit und jedes Problem dem Irrglauben an
die Trennung entstammt, kann alles letztendlich nur dort
gelöst werden. Wir glauben zwar, den Körper oder die Beziehung zu heilen, aber in Wahrheit findet die Heilung in
unserem Geist statt. Genau genommen gibt es in dieser
Welt der Zehntausend Dinge und Polaritäten nur zwei
Ausdrucksformen. Entweder ist das ein Schrei nach Liebe
oder es ist ein Ausdruck der Liebe. Wenn jemand mit Aggression, Schuldzuweisung, Sorge oder einem anderen
Ausdruck von Ego-Bewusstsein auf uns zukommt, dann
bittet er um Liebe. Kommt jemand mit Freude, Hilfsbe-
reitschaft, Mitgefühl oder einem anderen Ausdruck seiner
wahren Natur auf uns zu, teilt er seine Liebe mit uns. Auf
beides gibt es nur eine einzige passende Antwort: Liebe.

Mit Liebe meine ich hier nicht unsere menschliche,
vom Ego bestimmte Interpretation der Liebe, die immer
an Bedingungen geknüpft ist, ob bewusst oder unbewusst, sondern jene transpersonale Liebe, die über unsere Persönlichkeitsvorlieben hinausgeht. Diese Liebe
kann auch streng oder hart sein, sie kann Opfer bringen,
sie kommt aus der Klarheit und fördert Klarheit und ist
deshalb niemals sentimental oder klebrig. Diese Liebe fördert das höchste Gut aller Beteiligten, auch wenn es für
das Ego unbequem ist. Sie kann klare Grenzen setzen.

Das ist für jeden Beteiligten dienlich, um in seine Mitte zu kommen. Mehr zum Erkennen der wahren Liebe im Gegensatz zu Ego-Projektionen von Liebe im Teil 3 dieses Buches bei den Anregungen zur Umsetzung im Alltag.

Wenn nun jemand liebevoll an uns herantritt, ist es selten schwer, ebenso liebevoll zu antworten. Herausfordernder wird es, wenn jemand beispielsweise mit Wut auf uns zukommt und wir diesen Schrei nach Liebe mit Liebe beantworten wollen. Das ist oftmals nicht einfach. Es hat auch nie jemand behauptet, dass diese Transformation unseres Ego-Bewusstseins einfach sei, aber sie lohnt sich. Wenn wir es schaffen, diese herausfordernden Situationen als das zu erkennen, was sie sind, ein Schrei nach Liebe eines Teils von uns selbst, den wir nach außen projiziert haben, und darauf mit Liebe antworten, dann machen wir riesige Fortschritte auf unserer Reise in die Freiheit. Wir antworten darauf zum Beispiel, indem wir die blockierte Energie dieser Situation mit der Zwei-Punkt-Methode auflösen. Wir werden vom unbewussten Opfer zum bewussten Schöpfer. Wir wählen Freiheit anstatt der Verknechtung des Ego. Wir erleben Freude, Frieden und Liebe statt Angst, Schuld und Aggression.

Wir können mit dieser Sichtweise nicht anders, wir werden noch viel mehr Verantwortung für uns und unser Leben übernehmen. Im Deutschen ist das Wort Verantwortung nicht sehr aussagekräftig. Im Englischen kann man das Wort *responsibility* in *response* (Antwort) und *ability* (Fähigkeit) zerlegen und so interpretieren, dass wir vom Leben eingeladen sind, mit unseren Fähigkeiten zu antworten. Diese Betrachtung bedeutet, verantwortungsvoll durch unser Leben zu gehen. Das heißt: mit unseren uns innewohnenden Fähigkeiten mit unserem Leben zu interagieren. Das hört sich nach Kreativität und Lebenslust an. Genau darum geht es: Ein verantwortungsvolles Leben ist ein Leben in Freude.

Dieses zweite Buch in der dreibändigen QCT-Reihe legt den Schwerpunkt auf die Umsetzung dieser wesentlich tiefer gehenden Sichtweise: Wir erkennen das Spiegelgesetz und wenden es in seiner vollen Tiefe an und heilen dadurch Teile von uns selbst. Für die praktische Umsetzung vertiefen wir die Art, wie wir die Zwei-Punkt-Methode nutzen, denn durch den Einsatz ohne Unterstützung der Hände können wir nun im Alltag sofort handeln. So machen wir die Zwei-Punkt-Methode zu einem unverzichtbaren und wesentlichen Bestandteil unseres Lebens.

Je mehr wir mit der Zwei-Punkt-Methode arbeiten, desto klarer wird uns, dass alles in unserem Bewusstsein stattfindet. Es ist deshalb sinnvoll, die Methodik an dieser Stelle auf die nächste Ebene der Anwendung zu heben. Wir lernen daher, die Zwei-Punkt-Methode rein im Bewusstsein, ohne den Einsatz unserer Hände, zu gebrauchen. Damit erleben wir eine enorme Vereinfachung der Anwendung und eine wesentlich erhöhte Effektivität. Außerdem erfahren wir die Anwendung der Zwei-Punkt-Methode in Kombination mit einem Aspekt der Aufstellungsarbeit. Dieser kombinierte Einsatz kann bei tief sitzenden Themen ein sehr hilfreiches Werkzeug sein. Um diese Methoden geht es im zweiten Teil dieses Buches.

## Unsere Berufung erkennen

Zuvor habe ich dargelegt, dass jeder Mensch eine Berufung hat. Unsere Seele fordert uns auf, jenen Weg zu gehen, den sie für dieses Leben geplant hat und die Potenziale freizulegen, die für diesen Zweck in uns angelegt sind. Somit ist eine Berufung zu fühlen und sie zu leben nichts Besonderes, sondern Ausdruck unses natürlichen Seins. Das Ego hält von dieser Idee nicht viel. Denn wenn

wir unsere Berufung leben, befreien wir uns von den Beschränkungen des Ego. Unsere Seele möchte lernen sich
zu entfalten, und will dabei bestimmte Erfahrungen machen. Das Ego will seine fiktive Existenz aufrechterhal-
ten. Dies ist gewährleistet, solange wir uns mit dem Ego
identifizieren und ihm Aufmerksamkeit schenken. Dadurch wird es mit Energie gefüttert und am Leben erhalten. Die eigentliche Aufgabe, die uns gestellt ist, ist es,
dieses Spielchen immer besser zu durchschauen, uns
immer öfter für unseren Seelenweg zu entscheiden und
so unsere Identifikation mit dem Ego immer weiter abzu-
bauen.

Mit jeder Schicht, die fällt, werden wir ein Stückchen
freier. Jede Zwei-Punkt-Anwendung ist das Auflösen einer
solchen Schicht. Es ist wie ein Schleiertanz, bei dem wir
unsere Illusionen Schleier um Schleier fallen lassen und
schließlich unsere reine göttliche Essenz, unser wahres
Selbst, wieder erblicken. QCT ist eine Einladung und An-
leitung, diesen Tanz in unsere Freiheit zu tanzen. In Teil 3
dieses Buches werden wir die praktische Umsetzung der
Philosophie der Zwei-Punkt-Methode betrachten und
sehen, wie wir unsere Berufung leben können.

Zusammenfassend kann man sagen: Auch wenn diese
Welt eine Illusion ist und wir letztlich aus diesem Traum
erwachen wollen, so ist doch der einzige Weg in die Freiheit, dass wir uns zuerst auf den Erkenntnisweg begeben.
Solange wir uns von Zuständen wie Krankheit, Bezie-
hungsproblemen, Geldmangel, Burn-out oder ähnlichen
Themen vereinnahmen lassen, unterliegen wir der Illusion
und sind ihr Gefangener. Da hilft keine Flucht in spirituelle Welten und auch kein Identifizieren mit der materiellen Welt, sondern nur zu erkennen, wer wir wirklich sind:
Jeder Mensch ist göttliche Essenz und hat ein bestimmtes
Potenzial in dieses Leben mitgebracht, um sich an diese
göttliche Essenz ein wenig mehr zu erinnern. Wenn wir

beginnen, dieses Potenzial freizulegen und zu leben, beginnen wir echte Freude, zeitlosen Frieden und grenzenlose Fülle in uns zu entdecken. Dann wird das Leben wieder einfach und lebenswert. Die folgenden Seiten können Ihnen helfen, dies zu realisieren.

## Teil 2

# QCT und die Zwei-Punkt-Methode

# Was ist QCT und die Zwei-Punkt-Methode?

QCT ist die Abkürzung für den englischen Begriff „Quantum Consciousness Transformation" zu Deutsch: Quanten-Bewusstseinstransformation. Ich habe diesen Begriff für meine Arbeit gewählt, weil es mir in erster Linie um die Transformation blockierter Zustände und der damit verbundenen Bewusstseinserweiterung geht. Diese Arbeit findet auf Quantenebene statt.

In meinem ersten QCT-Buch haben wir gelernt, diese Methode auf drei aufeinander aufbauenden Anwendungsebenen einzusetzen. Auf der ersten Ebene wird Schicht für Schicht des Problems gelöst. Auf der zweiten Ebene erfolgt die Arbeit aus dem Herzensraum der Liebe heraus. Auf der dritten Ebene wird mit dem sogenannten zentralen Lösungspunkt gearbeitet, der eine sehr schnelle und tief greifende Vorgehensweise ermöglicht. Dabei erleben die Anwender, dass es immer einfacher und effektiver wird, Energie mithilfe der Zwei-Punkt-Methode wieder zum Fließen zu bringen. Dies führen wir nun hier in *QCT 2* auf die nächste, noch effektivere Ebene.

Wie bereits einleitend erwähnt, ist QCT die Kombination aus der im ersten Teil dieses Buches vorgestellten Philosophie mit einer praktischen Form der Energie- und Bewusstseinstransformation, die man die Zwei-Punkt-Methode nennt. Beides wird konsequent im Alltag umgesetzt. Somit können wir sagen, dass wir QCT praktizieren, wenn wir aus dem Verständnis der hier vorgestellten Philosophie heraus die Zwei-Punkt-Methode im Alltag einsetzen. Dabei ist die Methode wandelbar und vielfältig.

Vermittelte das erste QCT-Buch drei Ebenen der Anwendung der Zwei-Punkt-Methode, so lernen wir nun in *QCT 2* eine vierte Ebene kennen, die Anwendung ohne Einsatz der Hände. Im geplanten Buch *QCT 3* werden wir über die Methodik der zwei Punkte hinausgehen. Mehr dazu in der Vorschau für das *QCT 3*-Buch im Anhang.

## Die Zwei-Punkt-Methode, kurz gefasst

Das Folgende stellt eine kurze Einführung für Quereinsteiger dar. Erfahrene Anwender können gleich auf Seite 56 bei „Die Zwei-Punkt-Methode ohne Handeinsatz" weiterlesen.

Die Zwei-Punkt-Methode ist eine jahrtausendealte Technik. Auf Hawaii gehört sie zu den von alters her überlieferten Heilmethoden der *Kahuna*, der schamanischen Heilpriester. Im Westen wurde sie Ende der neunziger Jahre durch Dr. Richard Bartlett und Dr. Frank Kinslow wiederentdeckt und weit verbreitet.

Die Zwei-Punkt-Methode ist eine einfach zu erlernende Methodik der Energietransformation. Wie wir im Philosophieteil erfahren haben, ist alles in diesem Universum Energie, einschließlich unseres Körpers, der Emotionen und Gedanken. Man kann den Körper anschauen und bestimmte Zustände als Krankheit oder Verletzung bezeichnen, zum Beispiel als Grippe, blutendes Knie, Krebs, gebrochenes Bein und so weiter, oder man kann den Körper als Energiefeld betrachten, in dem ein Teil der Energie im Moment nicht fließt. Es ist einfach nur ein anderer Blickwinkel der Betrachtung. Anstatt der Sache einen Namen zu geben und zumeist mit einer emotionalen Wertung zu belegen, etwa „Schnupfen ist nicht so schlimm, aber Krebs kann dich umbringen", betrachten wir bei QCT die Angelegenheit vollkommen neutral von der energetischen Perspektive aus.

Wenn wir mit der Zwei-Punkt-Methode einen Menschen behandeln, müssen wir nicht einmal wissen, was sein sogenanntes Problem ist. Wir als Anwender betrachten es als einen Ausdruck von blockierter Energie. Unsere Aufgabe ist es, diese Blockade wieder zum Fließen zu bringen. Dies gilt nicht nur für körperliche Themen, sondern für alle Lebensbereiche: Konflikte in einer Beziehung, Geldmangel, Krankheit, Schmerz, Verletzung, Orientierungslosigkeit, psychische Zustände wie Burn-out, Depressionen, Lethargie und so weiter. Diese Liste kann endlos fortgesetzt werden. Es gibt keinen Bereich, keine Themen oder Krankheiten, bei denen die Zwei-Punkt-Methode nicht angewendet werden kann. Dies aus dem einfachen Grund: Alles ist Energie, die fließt oder stagniert. Und wenn sie blockiert ist, kann sie mit dieser Methode wieder in Fluss gebracht werden.

Als Anwender rufen wir uns diese Sichtweise vor Beginn einer Anwendung ins Bewusstsein, indem wir uns zum Beispiel innerlich sagen: „Alles ist Licht und Information." Dieses kleine Mantra (Formel) dient dazu, unseren Fokus auszurichten. Wir richten unsere Aufmerksamkeit nicht auf die sogenannte physische Realität, in der der Empfänger scheinbar ein Problem hat, sondern wir lenken unsere Achtsamkeit auf die energetische Ebene, auf der es nur darum geht, die vorübergehend blockierte Energie wieder zum Fließen zu bringen.

Die Ausrichtung unseres Fokus unterstützen wir, indem wir mit offenen Augen und einem weichen, verschwommenen Blick in die Ferne schauen. Außerdem nimmt der Anwender schon zu Beginn der Behandlung die Haltung der inneren Gewissheit ein, dass das Thema längst erfolgreich bearbeitet ist. Hier und jetzt ist Heilung bereits geschehen, das Problem gelöst et cetera.

Auch hier setzt der Anwender sein Bewusstsein von vornherein auf ein erhöhtes Niveau, jenseits von Raum und Zeit. In diesem zeitlosen Hier und Jetzt existiert der gelöste Zustand bereits. Damit verbinden wir uns. Das verkürzt den folgenden Transformationsprozess.

Der Anwender lenkt seine Aufmerksamkeit in sein Herz und fühlt die Dankbarkeit und die Freude darüber, dass dieses Thema bereits gelöst ist. Damit verstärkt er die Wirkung. Unser Herz hat eine wesentlich kraftvollere elektromagnetische Ausstrahlung als unser Gehirn. Daraus folgt die Erkenntnis, dass der Gedanke: „Danke, dass dieses Thema bereits gelöst ist" den Transformationsprozess wesentlich kraftvoller unterstützen kann, wenn wir ihn aus dem Herzen heraus denken und in genau diesem Moment als gefühlte Realität erleben.

Dann verbindet sich der Anwender durch seine Intention (Absicht) über den sogenannten Ankerpunkt mit dem zu bearbeitenden Thema. Dieser Ankerpunkt darf beliebig gewählt werden. Jeder Punkt direkt am Körper oder im Energiefeld der Person kann verwendet werden. Solange wir noch mit den Händen arbeiten, wählen wir am besten einen Punkt direkt am Körper. Wenn wir im Stehen behandeln, bietet sich zum Beispiel die Schulter an. Man kann aber auch im Sitzen oder Liegen behandeln und irgendeinen anderen Punkt am Körper als Ankerpunkt wählen. Falls es sich um einen körperlichen Schmerz handelt, kann der Schmerzpunkt genommen werden, das muss aber nicht sein.

Der Anwender kann in einem 90-Grad-Winkel zu dem Empfänger stehen und die Schulter als Ankerpunkt nehmen. Der Anwender berührt die Schulter mit der linken oder mit der rechten Hand. Es spielt keine Rolle, mit welcher Hand und von welcher Körperseite aus gearbeitet wird.

Dann lässt der Anwender seine freie Hand intuitiv zum sogenannten Lösungspunkt wandern. Dieser Lösungspunkt kann sich direkt am Körper oder im Energiefeld des Empfängers befinden. Dies ist kein aktives Tun oder Suchen des Anwenders, sondern die Hand wird vom Unterbewusstsein geführt. Unser Unterbewusstsein weiß bereits, wo der Lösungspunkt liegt. Wenn wir unserer Hand freien Lauf lassen, dann findet sie den Punkt vollkommen mühelos.

Diesen Lösungspunkt fühlen die meisten Menschen in der Hand entweder als Wärme, Kribbeln, Prickeln, als einen Widerstand oder ein Hinziehen zur Ankerhand. Manche Menschen spüren das Auffinden des Lösungspunktes nicht in der Hand, sondern im Energiefeld oder im Herzen. Diese Wahrnehmung ist bereits eine Hinführung auf die Arbeit ohne Einsatz der Hände, die später erläutert wird.

Wie auch immer wir den Lösungspunkt wahrnehmen: Jede Art ist vollkommen in Ordnung, denn die Wahrnehmung ist durch unsere subjektiven Filter äußerst individuell. Es gibt darum kein Falsch oder Richtig. Ich kann nur wiedergeben, wie es die meisten Menschen erleben, aber ich kann niemals alle Erfahrungen aufzählen, die möglich sind.

Wenn Sie es ausprobieren, kann es gut sein, dass Sie als Anwender den Lösungspunkt anders wahrnehmen, als ich es hier beschrieben habe. Das ist vollkommen in Ordnung. Die beste Einstellung, die Sie haben können, ist es, achtsam und wertfrei zu beobachten, was sich verändert. Damit meine ich jegliche Art von Veränderung. Das kann auf körperlicher Ebene sein. Sie fühlen zum Beispiel Kribbeln oder Wärme in der Hand, im Bauch oder im Herzchakra et cetera oder eine Gänsehaut am Rücken, es folgt ein tiefer Atemzug oder Seufzer, vielleicht auch ein starkes Gähnen. Die Wahrnehmung kann energetisch sein. Dann fühlen Sie bei sich oder bei der empfangenden Person eine Veränderung im Energiefeld. Sie nehmen zum Beispiel das Fließen von Energie wahr. Oder sie spüren psychisch oder emotional ein Gefühl der Erleichterung oder der Öffnung.

Es gibt unzählige Arten festzustellen, ob sie den Lösungspunkt erreicht haben. Es kann sogar sein, dass Sie gar nichts fühlen, aber der Empfänger reagiert plötzlich. In diesem Fall nehmen sie das als Zeichen und lassen Ihre Hand dort verweilen, wo sie sich gerade befindet.

Durch das bewusste Verbinden dieser beiden Punkte (Anker- und Lösungspunkt) am Körper oder im Energiefeld der empfangenden Person wird eine Öffnung im Bewusstsein geschaffen, durch die unsere Essenz, der reine Geist, wirken kann. Dieser Informationsimpuls aus der reinen Geistebene bewirkt die Transformation der Blockade. Dadurch beginnt die blockierte Energie erneut zu fließen. Als Nachwirkung dieses Informationsimpulses tritt die sogenannte Welle auf. Die Welle ist ein Energiephänomen, das es uns ermöglicht, auf der körperlichen Ebene zu beobachten, wie die zuvor blockierte Energie nun wieder fließt.

Die Welle äußert sich beim Empfänger meist durch ein Schwanken des Körpers, sie kann aber auch subtiler sein, wie eine Gänsehaut, ein tiefes Durchatmen oder ein Seufzer. Wir bleiben einfach mit unserer Aufmerksamkeit gegenwärtig und beobachten die Welle, bis sie sich ausgespielt hat, dann nehmen wir die Hände herunter und beenden die Sitzung.

Dies ist der Beginn des Transformationsprozesses, der ganz individuell und unterschiedlich abläuft, je nachdem, wie es für die Person stimmig ist. Manche Themen sind über Nacht gelöst, während andere Themen Tage, Wochen oder Monate brauchen. Das hängt davon ab, wie bereit die Person auf allen Ebenen ist, das jeweilige Thema zu lösen. Wie wir mit dem weiteren Verlauf des Themas und des Transformationsprozesses umgehen, besprechen wir noch in Teil 3.

Zur Vermeidung von Missverständnissen möchte ich einige Punkte näher erläutern. Auch wenn Energie zum Fließen gebracht wird, ist die Zwei-Punkt-Methode keine

Energiearbeit im herkömmlichen Sinne. Bei der traditionellen Energiearbeit wird innerhalb des energetischen Universums versucht, einen Ausgleich zwischen negativen und positiven Energien herzustellen. Dies geschieht, indem durch verschiedene Techniken positive Energie kanalisiert (gechannelt) oder aktiviert wird. Bei der Zwei-Punkt-Methode leiten wir keine Energie weiter, weder Energie von uns noch aus einer anderen Quelle. Wir erschaffen durch das Zwei-Punkt-Ritual lediglich eine Öffnung im Bewusstsein beziehungsweise im Energiefeld der empfangenden Person. Durch diese Öffnung kann reiner Geist wirken. Reiner Geist liegt jenseits von Energie und Dualität und Bewusstsein. Reiner Geist ist reine, bedingungslose Liebe. Diese ist allgegenwärtig und allmächtig. Wir erlauben dieser Liebe, auf uns zu wirken, indem wir uns kurz durch die Zwei-Punkt-Methode öffnen. Dadurch beginnt Energie, die wir bisher in blockierter Form in unserem System hatten, wieder zu fließen. Dieser Energiefluss ist es, den wir in dem Phänomen, das wir die Welle nennen, erleben. Die Welle ist also keine externe Energie, die der Anwender auf den Empfänger übertragen oder von irgendwoher gechannelt hat. Es ist vielmehr die bislang blockierte Energie des Empfängers, die ihm nun wieder zur Verfügung steht.

Ein weiterer Punkt, der oft missverstanden wird, ist die Wichtigkeit der Welle. Im Grunde hat die Welle keine große Bedeutung. Sie ist lediglich ein Biofeedback-System, das uns anzeigt, dass eine Blockade gelöst wurde. Als solches ist sie praktisch. Außerdem hat sie einen gewissen Unterhaltungswert, besonders zu Beginn der Arbeit mit der Zwei-Punkt-Methode. Auch das ist völlig in Ordnung. Beobachten Sie die Wellenphänomene, die Sie erleben und genießen sie diese, aber versuchen Sie nicht, der Welle eine Bedeutung beizumessen, die sie nicht hat.

Der Verstand möchte meist recht schnell ein Bewertungssystem einführen. Er kommt mit Ideen wie: „Starke Welle bedeutet auch starke Wirkung" oder „Kaum wahrnehmbare Welle bedeutet, dass der Anwender etwas falsch gemacht hat" oder „Schwache Welle bedeutet ein kleines Thema oder eine schwache Behandlung", und Hunderten weiteren Interpretationen. Keiner all dieser rationalen, scheinbar logischen Gedankengänge hat bei dieser Arbeit irgendeine Bedeutung. Ich habe zahllose Behandlungen gegeben, in denen subtile Wellen einen enormen Transformationsprozess nach sich zogen. Umgekehrt habe ich starke Wellen erlebt, die sehr sanfte, manchmal unmittelbar gar nicht erkennbare Prozesse bewirkten. Ich habe es aufgegeben, dem Wellenphänomen irgendeine Bedeutung beizumessen. Ich beobachte es einfach und genieße das Erlebnis.

Jedes Thema weist verschiedene Schichten und Aspekte auf, auch wenn uns diese meistens nur wenig oder gar nicht bewusst sind. Betrachten wir zuerst einmal die Aspekte eines Themas. Nehmen wir als Beispiel eine Person, die zu uns kommt, um eine Zwei-Punkt-Behandlung zu erhalten. Sie will die Folgen eines Sturzes, der mit einem verstauchten Knöchel endete, kurieren. Diese Person nimmt wahrscheinlich nur das äußere Problem des schmerzenden Fußes wahr. Wir als Anwender erkennen vielleicht auch nicht mehr. Aber die Ursache für diesen Sturz könnte in ihrer Kindheit liegen. Damals hörte sie viele Male, dass sie tollpatschig sei. Diese Prägung hatte zwei direkte Auswirkungen, zum einen bildete sich bei dieser Person die innere Überzeugung, sie sei ein Tollpatsch, und zweitens fühlte sie sich aufgrund dieses Urteils nicht sonderlich geliebt.

Aber dieser Mensch stellte bald fest, dass jede Verletzung, die er sich durch seine Tollpatschigkeit zuzog, dazu führte, dass er ein wenig der positiven Aufmerksamkeit erhielt, die er sich wünschte. So bildete sich während der

Kindheit dieser Person ein Glaubens- und Verhaltensmuster, das sie immer wieder in Situationen führte, in denen sie durch Unfälle besondere Aufmerksamkeit erreichte. Unter der offensichtlichen körperlichen Komponente eines verstauchten Fußes verbergen sich also emotionale Komponenten (sich nicht geliebt fühlen, ein Schrei nach Aufmerksamkeit), mentale Programmierungen („Ich bin ein Tollpatsch", „Ich bin nicht liebenswert") und traumatische Erlebnisse in der Kindheit und wahrscheinlich noch Eindrücke aus anderen Leben.

Diese vier Hauptkomponenten Körper, Emotion, mentales und ursächliches Ereignis lassen sich bei nahezu jedem Thema finden. Man könnte auch noch unzählige weitere Details betrachten. Ich denke, dass dies zur Verdeutlichung genügt, dass die Themen, die uns präsentiert werden, nie so einfach und offensichtlich sind, wie sie erscheinen mögen. Der Vorteil der Zwei-Punkt-Methode ist, dass wir als Anwender diese diversen Aspekte eines Themas nicht kennen oder erforschen müssen. Wir müssen nicht einmal das Thema an sich kennen. Es genügt völlig, wenn der Empfänger an sein Thema denkt, während der Anwender die Behandlung gibt. Der Anwender kann zwar das Thema kennen und vielleicht auch Hintergründe oder Teilaspekte davon verstehen, aber er muss es nicht. Im Grunde geben wir die eigentliche Transformationsarbeit an die Weisheit unserer Essenz ab. Der reine Geist entscheidet, welcher Informationsimpuls auf die empfangende Person wirken soll und welchen Transformationsprozess das nach sich zieht. Die Aufgabe des Anwenders ist es, sich der möglichen Komplexität des Themas bewusst zu sein (ohne dass er Details kennen muss) und das durch seine Absicht mit zu erfassen.

Wenn der Anwender sich über den Ankerpunkt mit dem Empfänger und seinem Thema verbunden hat und die Dankbarkeit fühlt, dass das Problem bereits gelöst ist, öffnet er sich, um das Thema in seiner Gesamtheit zu erfassen. Dies kann auf zweierlei Weise geschehen. Entweder erweitert der Anwender seine energetische Wahrnehmung auf das Energiefeld des Empfängers und spürt all die Komponenten des Themas im Feld, oder er begibt sich ins Herz und fühlt dort den Empfänger und sein Thema.

Der Anwender bleibt in diesem Gewahrsein, bis sich das deutliche Gefühl einstellt, dass er das gesamte Thema wirklich mit dem Herzen erfasst hat. Erst dann gibt er seiner freien Hand die Erlaubnis, zum Lösungspunkt geführt zu werden. Diesen Lösungspunkt nenne ich den „zentralen Lösungspunkt", da er nicht auf einen bestimmten Aspekt des Themas abzielt oder nur ganz allgemein das Thema behandeln will, sondern ganz spezifisch alle Aspekte und Schichten des Themas angeht, die jetzt in diesem Moment mit dieser Behandlung gelöst werden können.

Die Schichten eines Themas kann man sich wie die verschiedenen Schalen einer Zwiebel vorstellen. Wenn wir eine Zwei-Punkt-Behandlung anwenden, lösen sich dabei so viele Schichten eines jeden Aspektes des Themas, wie zu diesem Zeitpunkt möglich sind. Der Rahmen dessen, was möglich ist, hängt von der Bereitschaft des Empfängers ab, dieses Thema aufzulösen. Diese Bereitschaft bezieht sich auf alle Ebenen des Empfängers und steht im Einklang mit seinem Lebensweg.

Die Vorgehensweise mit dem zentralen Lösungspunkt wurde in meinem ersten Buch mit dem Titel QCT als sogenannte dritte Anwendungsebene vorgestellt. Die erste Anwendungsebene entsprach der Vorgehensweise, in der Dr. Richard Bartlett vor Jahren die Zwei-Punkt-Methode lehrte. Dabei wurden die einzelnen Schichten eines Themas nacheinander aufgelöst. Die zweite Anwendungsebene vermittelte mir Ulrich Kieslich. Sie enthält das Wirken aus dem Herzen heraus, verbunden mit einem Gefühl der Dankbarkeit für das bereits gelöste Thema. Die dritte Anwendungsebene über den sogenannten zentralen Lösungspunkt, die alle Schichten des Themas erfasst, die im gegenwärtigen Augenblick gelöst werden können, entwickelte ich in den ersten Monaten der Arbeit mit der Zwei-Punkt-Methode. Dann begann ich, diese in meinen Seminaren weiterzugeben.

Diese drei Ebenen wurden in meinem ersten *QCT*-Buch bereits ausführlich vorgestellt. Ich fasse sie deshalb hier nur noch einmal kurz zusammen, um dem QCT-Neuling den Anschluss zur folgenden vierten Anwendungsebene, der Arbeit ohne Einsatz der Hände, zu vermitteln.

## Eine Zwei-Punkt-Anwendung im Überblick

o  Der Empfänger denkt an sein Thema.

o  Der Anwender steht im rechten Winkel links oder rechts vor dem Empfänger, blickt mit verschwommenem Blick in die Ferne, erinnert sich daran, dass alles Licht und Information ist, bedankt sich, dass das Thema bereits gelöst ist, und fühlt diese Dankbarkeit im Herzen.

o  Der Anwender legt eine Hand auf die Schulter des Empfängers und verbindet sich durch seine Absicht mit dem Thema und erfasst es in seiner Gesamtheit (entweder über das Herz oder durch Erspüren des Energiefelds).

o  Dann erlaubt der Anwender seiner freien Hand, von seinem Unterbewusstsein zum zentralen Lösungspunkt für dieses Thema geführt zu werden. Er lässt seiner Hand freien Lauf und beobachtet einfach nur, was sich verändert (Kribbeln in der Hand, Wärme im Bauch, energetischer Widerstand in der Luft, Reaktion des Empfängers et cetera). Sobald sich eine Veränderung einstellt, lässt er die Hand dort verweilen, wo sie gerade ist und bleibt mit seiner Aufmerksamkeit gegenwärtig, während sich die Welle ausspielt.

o  Wenn die Welle durchgelaufen ist, nimmt er die Hände herunter und die Anwendung ist abgeschlossen.

## Integration

Die Zwei-Punkt-Methode kann nicht nur zur Transformation von Energieblockaden eingesetzt werden, sie kann auch zur Integration von Energien oder Informationen genutzt werden. Im Philosophieteil habe ich die holografische Natur dieses Universums beschrieben. Mit der Zwei-Punkt-Methode nutzen wir die allgegenwärtige Verfügbarkeit von Energie und Information, so es wie für unsere Zwecke dienlich ist. Das funktioniert so ähnlich wie das Herunterladen eines Dokumentes aus dem Internet. Wir entscheiden, was wir integrieren wollen (= Suchbegriff wählen) und setzen die Zwei-Punkt-Methode ein (= Suchbegriff in die Suchmaschine eintippen). Und wenn wir den Integrationspunkt gefunden haben, entspricht dies dem Klick auf den Link zum Herunterladen des Dokumentes.

Die Welle zeigt uns an, dass die Energie beziehungsweise Information integriert wurde. Das Ganze wird wieder von der reinen Geistebene gesteuert. Damit wird genau die richtige Information in der idealen Quantität integriert.

Integration kann vielfältig eingesetzt werden. Wir nutzen sie bei einer Behandlung nach dem Transformieren, um Informationen in unser System einzubringen, die dem Transformationsprozess dienen. Wir können die Integration auch nutzen, um uns an Wissensfelder anzudocken, beispielsweise Mathematik oder Musik. Dies ermöglicht uns die schnellere Aneignung von Wissen. Wir gehen im Teil 3 dieses Buches noch näher auf diese Möglichkeiten ein, wenn wir die Umsetzung im Alltag besprechen.

### DIE INTEGRATION IM ÜBERBLICK

o Der Anwender ist nach wie vor über den Ankerpunkt mit dem Empfänger verbunden und die Transformationswelle ist durchgelaufen.

o Der Anwender setzt innerlich die Intention: „Alle hilfreichen Ressourcen für dieses Thema sind integriert".
   Er fühlt die Dankbarkeit, dass es so ist.

o Dann gibt er seiner freien Hand die Erlaubnis, den zentralen Integrationspunkt zu finden. Diesen nimmt er
   ähnlich dem Lösungspunkt wahr und bleibt dann einfach achtsam gegenwärtig, bis sich die Welle ausgespielt hat.

## Verbinden mit dem idealen zukünftigen Selbst

Zur Abrundung einer Behandlung können wir als Anwender den Empfänger mit seinem zukünftigen Selbst, das
dieses Thema bereits ideal gelöst hat, verbinden. Dieses
zukünftige Selbst ist definiert als das, das sich auf dieses
Thema bezieht. Es ist kein absoluter Zustand und auch
nicht das Höhere Selbst. Es kann das zukünftige Selbst
in einer Woche sein, wenn das aktuelle Thema völlig aufgelöst ist. Zum besseren Verständnis folgen kurz ein paar
Worte über die Zeit.

Zeit ist eine Erfindung des Ego und existiert nur in diesem Universum. Selbst innerhalb des Universums ist Zeit
relativ. Das hat schon Albert Einstein bewiesen. Es ist
unser menschlicher Verstand, der Zeit als eine lineare Erfahrung deutet, die von der Vergangenheit über die Gegenwart in die Zukunft führt. Von einer höheren Ebene
aus betrachtet ist Zeit allgegenwärtig. Alle Zeitpunkte existieren gleichzeitig und alle sogenannten vergangenen und
zukünftigen Zeitpunkte bedingen sich gegenseitig im Hier
und Jetzt.

Wir richten einfach nur unsere Aufmerksamkeit auf ein
mögliches Erlebnis und nennen es unsere Gegenwart.
Durch unsere Verstandesfilter reihen wir diese einzelnen
Punkte wie Perlen auf eine Kette und nennen sie unsere
Vergangenheit, während wir glauben, wir könnten die Zu-

kunft nicht sehen. So erleben wir in unserer begrenzten Wahrnehmung einen Zeitablauf, eine Zeitlinie. Dabei übersehen wir häufig, dass wir jeden Augenblick Entscheidungen treffen und daher ständig neue Zeitlinien wählen.

Beziehen wir diese Erkenntnisse auf unsere Arbeit mit der Zwei-Punkt-Methode, ergibt sich ein klares Bild. Wir haben gerade ein Thema behandelt und alles transformiert, was zum momentanen Zeitpunkt gelöst werden kann, und alles integriert, was hilfreich ist. Nun beginnt ein Transformationsprozess. Er dauert so lange, bis das Thema gänzlich gelöst ist. Während dieses Transformationsprozesses treffen wir viele Entscheidungen, manche sind dem Prozess dienlich, andere verzögern ihn. So ergeben sich verschiedene mögliche Zeitlinien, die wir erleben können.

Am Ende einer Behandlung nutzen wir nun die Zwei-Punkt-Methode, um den Empfänger mit jenem zukünftigen Selbst von sich zu verbinden, das die besten Entscheidungen getroffen und den idealen Transformationsprozess durchlaufen hat. Ich nenne diesen zukünftigen Aspekt das „ideale zukünftige Selbst". Durch diese Verbindung auf Quantenebene erschaffen wir eine Art sich selbst erfüllende Prophezeiung, einen energetischen Magneten, der die Person in diese Richtung zieht.

## DER ABLAUF EINER VERBINDUNG

o Der Anwender ist nach wie vor über den Ankerpunkt mit dem Empfänger verbunden und wartet, bis die Integrationswelle durchgelaufen ist.

o Dann setzt er innerlich die Intention: „Verbinden mit dem idealen zukünftigen Selbst."

o Er gibt seiner freien Hand die Erlaubnis, zum dafür stimmigen Verbindungspunkt geführt zu werden.

o Wenn der Anwender den Verbindungspunkt fühlt, lässt er die Welle durchlaufen.

o Danach ist die Behandlung abgeschlossen.

## Fernbehandlung

Eine Zwei-Punkt-Behandlung kann auch über die Ferne erfolgen. Der Anwender stellt sich einfach vor, er hätte den Empfänger vor sich stehen, legt ihm imaginär die Hand auf die Schulter, definiert kurz das zu bearbeitende Thema und geht dann genauso vor wie bei der gerade beschriebenen Behandlung einer tatsächlich anwesenden Person. Der Anwender muss dazu den Empfänger nicht kennen, es reicht, wenn er den Namen weiß. Wenn die Fernbehandlung nicht genau zeitlich abgestimmt ist oder über das Telefon erfolgt, dann muss der Anwender das zu bearbeitende Thema kennen, damit er sich mit der Zwei-Punkt-Methode darauf einstellen kann.

Die Geister scheiden sich daran, ob der Empfänger der Behandlung zustimmen muss. Einige Anwender meinen, man dürfe mit der Zwei-Punkt-Methode durchaus ohne das Wissen der empfangenden Person arbeiten, weil das, was geschehe, von der reinen Geistebene gelenkt werde und deshalb nur positiv sein könne. Ich hole vorher lieber das Einverständnis ein. Ausgenommen sind Situationen, in denen die Erlaubnis gewiss ist, wie etwa bei meinen eigenen Kindern, Schülern, die ich als Lehrer unterrichte, oder einem Notfall, bei dem ich zur Hilfeleistung verpflichtet bin.

Aber letztendlich muss das jeder für sich entscheiden und mit den Konsequenzen dieser Entscheidung leben.

## Eigenbehandlung

Die Eigenbehandlung läuft im Prinzip genauso ab wie eine Fremdbehandlung. Wir legen uns eine Hand auf einen frei gewählten Ankerpunkt wie zum Beispiel das Herz oder den Solarplexus. Dann definieren wir kurz das Thema, zum Beispiel „Knieschmerzen", und folgen demselben Ablauf, wie oben beschrieben. Der Unterschied ist, dass die freie Hand durch unser eigenes Energiefeld auf den Körper zuwandert, bis sie auf den Lösungspunkt stößt.

## Gruppenbehandlung

Genauso, wie wir mit einer einzelnen Person über die Ferne arbeiten können, ist es auch möglich, mit Gruppen zu arbeiten. Jede Gruppe formt ein Gruppenenergiefeld, ob das nun eine Familie, eine Firma, ein Verein, eine Schulklasse, eine Seminargruppe oder etwas anderes ist. Ob die Gruppe vier Familienmitglieder umfasst oder 20.000 Angestellte, bleibt sich gleich. Ebenso wie bei einer Fernbehandlung mit einer Person verbinden wir uns mit dem Energiefeld der Gruppe und bearbeiten, was immer wir in der Gruppe verändern wollen.

## Behandlungen allgemein

Die Zwei-Punkt-Methode kann auch bei Tieren, Pflanzen und unbelebten Gegenständen wie Handys oder Computern angewandt werden.

Den Ablauf einer Behandlung können Sie auf einem Video auf meiner Website unter *www.qct-seminar.com* betrachten.

Wenn Sie dieses Buch als Quereinsteiger lesen, empfehle ich Ihnen, an dieser Stelle zunächst einmal eine Pause einzulegen und die Anwendung der Zwei-Punkt-Methode zu üben. Sollte Ihnen das mit der gerade gegebenen Erklärung nicht gelingen, empfehle ich Ihnen das erste QCT-Buch, weil es das Dargelegte dort ausführlicher und mit Fotos beschreibt. Sollten Ihnen auch die Erklärungen im ersten Buch nicht ausreichen, um die Zwei-Punkt-Methode zu erlernen, empfehle ich Ihnen den *QCT Intensiv-Heimstudien-Kurs*. Durch den ausführlichen Unterricht in diesem Video (Dauer: fünf Stunden) gelingt es Ihnen sicherlich, die Methode einzuüben. Außerdem gehen Sie kein Risiko ein, da der Kurs eine zweiwöchige Geld-zurück-Garantie bietet. Mehr Informationen und Bestellungen telefonisch unter +43 (0) 2272/20258 und online auf der Website *www.qct-seminar.com*

# Die Zwei-Punkt-Methode ohne Handeinsatz

Bei *QCT 2* geht es nun um die nächste Weiterentwicklung der Zwei-Punkt-Methode. Wir verfahren dabei zuerst einmal prinzipiell wie in *QCT* dargestellt, aber wir durchlaufen nun den Vorgang der Zwei-Punkt-Anwendung rein im Geiste.

Führen wir den Gedanken weiter, dass alles Energie ist, die ständig mit Bewusstsein interagiert. Unsere Hände, die wir bisher bei der Zwei-Punkt-Methode eingesetzt haben, sind dann auch nur ein Ausdruck unseres Bewusstseins. Bisher haben wir unsere Hände und die durch diese wahrgenommen Sinneseindrücke für die Zwei-Punkt-Methode genutzt. Nun gehen wir einen Schritt weiter und erfassen die beiden Punkte (Anker- und Lösungspunkt) durch unsere Wahrnehmung rein im Geiste. Die grundlegende Vorgehensweise, wie in *QCT* angegeben, bleibt dabei erhalten.

Der Empfänger denkt an sein Thema oder fühlt es. Als Anwender stehen wir seitlich vor dem Empfänger und richten unseren weichen, verschwommenen Blick in die Ferne. Wir machen uns bewusst, dass alles Licht und Information ist, und nehmen die grundlegende Haltung ein, dass das Thema bereits gelöst ist. Dann verbinden wir uns innerlich in unserer Wahrnehmung mit dem Empfänger und dem zu bearbeitenden Thema. Das geschieht ganz einfach durch die Absicht, es zu tun. Dann gehen wir in unser Herz und fühlen die Dankbarkeit, dass das Thema bereits gelöst ist. Als Nächstes erfassen wir in unserer Wahrnehmung den Lösungspunkt und lassen die Welle kommen.

Die Wahrnehmung des Lösungspunktes kann auf zweierlei Art geschehen: Entweder weiten wir unsere energetische Wahrnehmung auf die empfangende Person und ihr Energiefeld aus und erfühlen, sehen oder erspüren energetisch den Lösungspunkt (dies ist kein mentales Vorstellen, keine Projektion, sondern eine subtile Form der Wahrnehmung), oder wir gehen noch tiefer in unser Herz, machen uns weit und erfassen die empfangende Person mit ihrem Thema in unserem Herzen und erfühlen den Lösungspunkt dort. Wenn wir den Lösungspunkt erfasst haben, lassen wir die Welle durchlaufen und sind gegenwärtig, solange diese dauert. Die Welle ist die Bestätigung, dass wir den Lösungspunkt gefunden haben.

## Der Ablauf einer Zwei-Punkt-Anwendung ohne Handeinsatz

Die folgende Vorgehensweise ist ein schrittweiser Übergang von der herkömmlichen Anwendung der Zwei-Punkt-Methode mit den Händen hin zur Arbeit ohne Hände.

Runde 1:
o Wir beginnen wie gewohnt mit beiden Händen. Wir stehen seitlich vor dem Empfänger, der an sein Thema denkt.
o Wir legen dem Empfänger eine Hand (ob rechts oder links ist gleich) auf die Schulter und verbinden uns dadurch mit ihm und seinem Thema.
o Wir blicken mit weichem, verschwommenem Blick in die Ferne und sind uns bewusst, dass alles Licht und Information ist und dieses Thema bereits gelöst ist.
o Danach gehen wir mit unserer Aufmerksamkeit in unser Herz und fühlen die Dankbarkeit, dass dieses Thema bereits gelöst ist, und lassen unsere Wahrnehmung aus dem Herzen heraus weit werden, um den Empfänger und sein ganzes Thema zu erfassen.
o Wenn wir das fühlen, geben wir unserer freien Hand die Erlaubnis, den zentralen Lösungspunkt zu finden.

Unsere freie Hand wird von unserem Unterbewusstsein geführt, bis sie beim zentralen Lösungspunkt für
dieses Thema ankommt. Die meisten Menschen fühlen
das in der Hand, zum Beispiel als Wärme, Kribbeln,
Prickeln et cetera.
o Wenn wir den Lösungspunkt spüren oder merken,
  dass der Empfänger reagiert, nehmen wir die Hand
  sacht vom Lösungspunkt und lassen sie wieder ent-
  spannt in ihre Ausgangsposition zurückkehren.
o Wir bleiben mit unserer Aufmerksamkeit beim Lösungspunkt, so, als befände sich die Hand noch dort,
  und lassen die Welle sich ausspielen.

Runde 2:
Gleiche Vorgehensweise wie in Runde 1, nur verwenden
wir dieses Mal nicht unsere freie Hand als Hilfe zur Loka-
lisierung des Lösungspunktes, sondern nehmen diesen
gleich im Bewusstsein wahr.

Runde 3:
Dieses Mal verzichten wir zusätzlich noch auf die Hand
beim Ankerpunkt. Die restliche Vorgehensweise bleibt
gleich.

Auf diese Weise gehen wir Schritt für Schritt von der Anwendung mit unseren Händen zum Arbeiten ohne Zuhil-
fenahme der Hände über. Wenn Sie sich bereit fühlen,
können Sie aber auch sofort ohne Hände arbeiten. Setzen
Sie sich andererseits nicht unter Druck, es habe sofort
und von nun an für immer zu funktionieren. Sobald Sie
spüren, dass die Behandlung nicht wirkt, nehmen Sie
einfach erneut Ihre Hände zur Hilfe. Sie können auch im
Alltag zwischen diesen Varianten hin und her wechseln,
ganz wie es Ihnen beliebt.

## EIGENBEHANDLUNG

Kann man die Zwei-Punkt-Methode ohne Hilfe der Hände einsetzen, ist das natürlich ein gewaltiger Vorteil im Alltag. Alltägliche Blockaden werden, wenn sie auftauchen, sofort wieder in Fluss gebracht.

Bei der Eigenbehandlung ohne Hände gehen wir prinzipiell genauso vor wie bei der Behandlung einer anderen Person. Wir definieren zuerst das Thema, an dem wir arbeiten wollen, zum Beispiel Schmerz in der Schulter. Dann gehen wir in unser Herz und fühlen die Dankbarkeit, dass dieses Thema gelöst ist. Dann weiten wir unsere Wahrnehmung auf unser eigenes Energiefeld aus und erfühlen den Lösungspunkt. Wenn wir ihn wahrnehmen, lassen wir die Welle durchlaufen und bleiben bewusst dabei, bis die Welle verebbt ist.

## FERNBEHANDLUNG

Die Fernbehandlung läuft genauso ab wie die Behandlung einer physisch anwesenden Person.

Wir stellen uns vor, dass die Person, mit der wir arbeiten möchten, direkt vor uns steht. Wir vergessen, dass sich diese Person an einem anderen Ort aufhält; wir tun einfach so, als sei sie körperlich anwesend. Sobald wir an einen Menschen denken, verbinden wir uns automatisch mit ihm. Denken wir jedoch, er sei weit entfernt, stecken wir in der begrenzten dreidimensionalen Welt fest.

Wir stellen uns also diesen Menschen als tatsächlich anwesend vor. Wenn wir so vorgehen, ist die Verbindung hergestellt, die andere Person ist uns ganz nah. Nun arbeiten wir mit der Person so, als wäre sie wirklich in diesem Augenblick bei uns. Wir fühlen die Punkte und die Welle genauso wie bei einer körperlich anwesenden Person.

Entweder haben wir uns zeitlich genau mit der zu behandelnden Person abgestimmt (indem wir mit ihr telefonieren, unmittelbar bevor wir die Zwei-Punkt-Methode anwenden) und die Person denkt zeitgleich an ihr zu bearbeitendes Thema (dann müssen wir es nicht kennen), oder die Person hat uns im Vorfeld das Thema übermittelt und wir benennen es im Geist zu Beginn der Behandlung, bevor wir unser Bewusstsein ausdehnen, um den Lösungspunkt zu erfühlen.

Die gleiche Vorgehensweise gilt bei Gruppen (Familie, Firma, Verein, Schulklasse et cetera), Tieren, Pflanzen und unbelebten Gegenständen.

## Frei gewordene Energie bewusst annehmen

Durch die Zwei-Punkt-Methode wird bisher blockierte Energie freigesetzt und steht uns beziehungsweise der empfangenden Person wieder zur Verfügung. Als bildhaften Vergleich können wir uns eine Immobilie vorstellen, die wir geerbt haben. Nehmen wir einmal an, wir besitzen einen Wohnblock mit 30 Wohnungen im Wert von drei Millionen Euro. Wir sind also Millionär – und doch können wir kein Stück von dem Wohnblock abbeißen. Wenn wir zum Bäcker gehen und Brötchen kaufen wollen, brauchen wir liquide Mittel, sprich Bargeld. Sobald die Mitteilung über die Erbschaft eintrifft, entscheiden wir uns für Bargeld. Wir veräußern den Wohnblock. Da wir zuerst lernen müssen, mit Millionenbeträgen umzugehen, verkaufen wir die Wohnungen einzeln.

So ähnlich verhält es sich mit dem Transformieren von Themen, das heißt dem Auflösen von Energieblockaden mithilfe der Zwei-Punkt-Methode. Das jeweilige Thema repräsentiert blockierte Energie, die wir irgendwann in der Vergangenheit festgehalten haben, so wie in unserer Metapher Bargeld in einem Wohnblock steckt. Jetzt wird uns bewusst, dass durch dieses Thema latente Energie zur Verfügung steht (= wir erfahren, dass wir geerbt haben). Wir beschließen, diese Energie wieder in Fluss zu bringen, indem wir das Thema Schicht für Schicht mit der Zwei-Punkt-Methode auflösen (= wir verkaufen die einzelnen Wohnungen). Die Energie wird in dem Maße freigesetzt, in dem wir bereit sind, diese Energie wieder in unser Leben zu lassen.

Wenn wir also eine Zwei-Punkt-Anwendung durchführen und die freiwerdende Energie der Welle wahrnehmen, können wir diese ganz bewusst aufnehmen, sie körperlich und emotional spüren und bewusst einsinken lassen. Dadurch können wir mehr von dieser Energie bewusst umsetzen. Diese Energie steht uns nun zur Verfügung, um die Herausforderungen unseres Lebens mit Kraft, Kreativität und Lebensfreude zu meistern (= wir haben wieder Bargeld, um uns Dinge zu kaufen).

Von daher empfehle ich, dass wir die Welle ganz bewusst wahrnehmen und die freigeworde Energie bewusst auf allen Ebenen willkommen heißen. Das muss kein langer Prozess sein, er kann von wenigen Sekunden bis zu ein oder zwei Minuten dauern, aber es kann unsere Wahrnehmung des Energiehaushalts beträchtlich verändern.

# Die Zwei-Punkt-Methode, kombiniert mit Aufstellungsarbeit

Diejenigen von Ihnen, die mit Familienaufstellung oder Systemischer Aufstellungsarbeit vertraut sind, kennen das Prinzip: Eine Person stellt eine oder mehrere andere Personen als Repräsentanten für Menschen auf, mit denen der Aufsteller in Beziehung steht. Das bedeutet, dass ein Mensch, der weder den Aufsteller noch die aufzustellende Person kennt, als Stellvertreter die Rolle dieser Person übernimmt und während dieser kurzen Zeit wie sie empfindet. Dabei können vielfältige Emotionen und körperliche Empfindungen auftreten, insbesondere solche, die bislang im Unbewussten schlummerten. Diese Vorgehensweise ermöglicht uns, an tief sitzende unbewusste Konditionierungen und emotionale Wunden heranzukommen und diese zu lösen.

Bevor wir uns weiter mit der Aufstellungsarbeit befassen, sollten wir kurz über das Thema Beziehungen sprechen. Beziehungen sind offensichtlich ein sehr zentrales Thema für uns, wir scheinen viele verschiedene Beziehungen mit großer Komplexität zu haben. In Wahrheit haben wir nur eine einzige Beziehung, nämlich die zu uns selbst. Dieses Verhältnis zu uns selbst ist auf mannigfaltige Art blockiert und verzerrt. Da wir permanent unsere unbewussten Gedanken und Emotionen über uns selbst ausstrahlen und das Resonanzgesetz pausenlos wirkt, ziehen wir ständig Menschen in unser Leben, die sowohl unsere Grundeinstellung zu uns selbst als auch unseren aktuellen Zustand widerspiegeln.

Anders gesagt: Wir begegnen immer nur uns selbst. Das heißt: Mit jedem Urteil und jeder Aussage, die wir über jemanden fällen, sprechen wir im Grunde nur über uns selbst. Erkennen und akzeptieren wir das, können wir endlich an der tatsächlichen Ursache unserer Beziehungsprobleme etwas ändern – an uns selbst. Anstatt die andere Person verändern oder die Beziehung therapieren zu wollen, lösen wir die Blockaden in uns. Das führt zu einer entsprechenden Veränderung der äußeren Beziehungen. Dies ist eine zwangsläufige Folgeerscheinung, da unsere äußere Realität das Resultat unserer Ausstrahlung ist.

Kommen wir nun zur Aufstellungsarbeit. Bei QCT haben wir unsere eigene Vorgehensweise entwickelt, die folgendermaßen aussieht: Als Erstes machen wir uns bewusst, dass jede Beziehung eine Art Geist hat, der die Folge davon ist, dass zwei Menschen eine wie auch immer geartete Beziehung eingegangen sind. Das gilt gleichermaßen für unsere Kernbeziehungen wie die zu den Eltern, zum Partner oder zur Partnerin, zu Kindern et cetera als auch für unsere eher weitläufigen Beziehungen wie Nachbarn, Arbeitskollegen, Vereinsbrüder und so weiter. Und es gilt auch für unsere Eigenbeziehung.

Bei unserer Vorgehensweise stellen wir diesen Geist der Beziehung auf und nicht die Person an sich. Der Aufsteller stellt also zum Beispiel den Geist der Beziehung zu seiner Mutter auf und nicht seine Mutter. Dieser kleine Unterschied verdeutlicht von vornherein, dass es nicht wirklich um die andere Person geht, sondern um die Beziehung, die der Aufsteller zu ihr hat. Es handelt sich also um seine ganz persönliche Geschichte, die wir dabei anschauen und auflösen.

## Aufstellungsarbeit zu dritt

Die Aufstellungsarbeit erfolgt zu dritt mit folgenden Beteiligten:

o der Aufsteller (die Person, die ihre Beziehung bearbeiten möchte);

o  der Anwender (er arbeitet mit der Zwei-Punkt-Methode am Aufsteller);
o  der Geist der Beziehung (die Person, die die Rolle des Geistes der Beziehung in der vom Aufsteller gewählten Beziehung annimmt).

Als ersten praktischen Schritt teilt der Aufsteller dem Geist der Beziehung mit, um wen es sich handelt, damit dieser dann die entsprechende Rolle bewusst annehmen kann. Er schließt für einen Moment die Augen und sagt sich: „Ich bin der Geist der Beziehung von ‚Name des Aufstellers' zu ‚Name der Person, mit der der Aufsteller in Beziehung steht'." Der „Geist der Beziehung" (in Zukunft abgekürzt als GdB) lässt das zuerst einmal wirken und schaut, was passiert. Möchte er seine Position gegenüber dem Aufsteller verändern? Wenn ja, folgt er einfach diesem Impuls und begibt sich dorthin, wo es sich für ihn stimmig anfühlt.

Dann fragt der Anwender sowohl den Aufsteller als auch den GdB, wie sie sich auf emotionaler und oder körperlicher Ebene fühlen. In der Regel arbeiten wir zuerst mit dem, was der GdB fühlt. Nehmen wir als Beispiel, dass der GdB Wut fühlt. Nun löst der Anwender diese Wut mithilfe der Zwei-Punkt-Methode auf. Das machen wir auch dann, wenn der Aufsteller die Wut gar nicht fühlt. Das ist meistens der Fall, denn es handelt sich ja um unbewusste Schichten, die bei der Aufstellungsarbeit ans Tageslicht gefördert werden.

Nach der Zwei-Punkt-Behandlung fragt der Anwender den GdB, was sich verändert hat, oder wir bitten diesen um Rückmeldung, wenn sich bei ihm etwas verändert. Das gilt auch für die Position des GdB. Sobald er den Impuls fühlt, an eine andere Stelle zu gehen, vollzieht er das einfach. Auch diese Positionswechsel sind oftmals interessante Indikatoren für die innere Veränderung. Der Anwender arbeitet mit den jeweils aktuellen Informationen des GdB beständig weiter. Wenn sich die Wut gelöst hat (ob nach einer oder mehreren Zwei-Punkt-Anwendungen), zeigt sich eine neue Empfindung, eine andere Emotionen oder ein körperliches Symptom. All das kann mannigfaltig sein – von Schmerzen bis hin zu nur schwer beschreibbaren Zuständen. Ganz gleich, was sich zeigt, der Anwender löst beim Aufsteller weiter diese körperlichen Symptome oder Emotionen auf.

Erst wenn der GdB nahe vor dem Aufsteller steht und ein rundum gutes Verhältnis zu ihm wahrnimmt, wenden wir uns dem Aufsteller zu. Hat dieser noch kein gutes Gefühl zu seinem GdB, bearbeitet der Anwender alles, was sich beim Aufsteller an Emotionen und körperlichen Symptomen zeigt. Erst wenn sowohl Aufsteller als auch GdB einander von Angesicht zu Angesicht mit einem positiven Gefühl gegenüberstehen, wird die Sitzung als abgeschlossen betrachtet und beendet. Der GdB gibt seine Rolle bewusst wieder ab. Diese offizielle Beendigung ist wichtig, damit keine Fremdenergien zurückbleiben.

Manchmal kann eine Sitzung nicht vollständig abgeschlossen werden, weil trotz mehrfacher Zwei-Punkt-Behandlung einer der Beteiligten immer noch die gleichen Emotionen oder Zustände verspürt. Dann vertagen wir die Aufstellung und lassen die bisherige Transformation zunächst einmal wirken. Wir können am nächsten Tag oder einige Tage später erneut aufstellen. Meistens geht es dann leichter weiter.

## Aufstellungsarbeit zu zweit

Bei der Aufstellungsarbeit zu zweit wirken mit:
o  der Aufsteller, der die Zwei-Punkt-Methode beherrscht und sich selbst behandelt;
o  der Geist der Beziehung.

Diese Vorgehensweise kann verwendet werden, wenn keine dritte Person verfügbar ist. Man geht genauso vor wie bei der Arbeit zu dritt, nur mit dem Unterschied, dass diesmal kein Anwender am Aufsteller arbeitet, sondern der Aufsteller die Eigenbehandlung mit der Zwei-Punkt-Methode bei sich selbst durchführt und dabei die Informationen bearbeitet, die ihm der GdB liefert.

Eine Variante der Aufstellungsarbeit zu zweit ist die Folgende:
o der Aufsteller, der die Zwei-Punkt-Methode nicht beherrscht;
o der Anwender und Geist der Beziehung in einer Person.

Diese Variante ist etwas herausfordernder für den Anwender, da er zwei Rollen übernimmt, aber es ist eine passable Lösung, wenn keine dritte Person zur Verfügung steht und der Aufsteller die Zwei-Punkt-Methode nicht beherrscht. Wir gehen genauso vor wie bei der Aufstellung zu dritt, nur schlüpft der Anwender dieses Mal in die Rolle des GdB. Alles, was er fühlt, löst er dann beim Aufsteller per Fernbehandlung auf. Dann nimmt er wahr, was sich verändert hat und löst die nächste Schicht auf. Dies vollzieht er so lange, bis alles für die gerade aktuelle Sitzung bearbeitet ist.

## Aufstellungsarbeit für die Eigenbeziehung

Die wichtigste Beziehung, die wir haben und die wir bearbeiten sollten, ist unsere Eigenbeziehung. Deshalb empfehle ich diese Vorgehensweise zuerst einmal für uns selbst anzuwenden. Das heißt, wir stellen den GdB zu uns selbst auf und beginnen unsere Eigenbeziehung zu klären. Das ist oft nicht mit einer einzigen Aufstellung getan. Die Aufstellungsarbeit kann ziemlich tief greifende Transformationsprozesse in Gang setzen. Dann arbeiten wir mit der Zwei-Punkt-Methode an den Themen, die im Laufe des Folgeprozesses emporkommen. Das können Emotionen und schwierige Alltagssituationen sein. Wir lösen sie zu dem Zeitpunkt auf, an dem sie akut sind.

Es kann auch vorkommen, dass wir heute unsere Eigenbeziehung aufstellen und ziemlich schnell alles im Reinen haben. Bei einer weiteren Aufstellung im nächsten Monat stoßen wir dann auf enorme Blockaden, die es zu lösen gilt. Das ist oft einfach eine Frage des stimmigen Zeitpunkts. Bestimmte Themen zeigen sich erst dann, wenn sie reif zur Lösung sind.

## Wichtige Hinweise zur Aufstellungsarbeit mit der Zwei-Punkt-Methode

Bedenken Sie immer, dass die Beziehung, deren Geist sie aufstellen, im Grunde nur ein Aspekt von Ihnen selbst ist. Diese scheinbar äußere Beziehung ist in Ihr Leben gekommen, um einen Teil von Ihnen zu zeigen, der geheilt werden will.

Manchmal werden durch diese Arbeit starke emotionale Reaktionen ausgelöst. Bleiben Sie ruhig und bedenken Sie immer, dass Sie der Schöpfer Ihrer Realität sind. Sie haben sich diese Situation erschaffen, also verfügen Sie auch über die Fähigkeit, sie zu meistern. Es mag Sie an Ihre Grenzen bringen und herausfordern, über sich selbst hinauszuwachsen, aber das ist ja nichts Schlechtes, denn es fördert Ihr persönliches Wachstum enorm.

Wie schon gesagt: Es ist nicht immer möglich, eine Aufstellung zu einem beiderseitig harmonischen Ende zu bringen. Liegt so eine Aufstellung vor, können wir sie mit einer Zwei-Punkt-Anwendung abschließen, bei der wir die Intention setzen: „Alles, was heute gelöst werden kann, ist transformiert." Dann lassen wir es auf sich beruhen.

Allerdings sollte man darauf achten, dass der Aufsteller emotional stabil ist, bevor er nach Hause geht. Wenn nötig, arbeiten wir nach der eigentlichen Aufstellung mit der Zwei-Punkt-Methode so lange am Aufsteller weiter, bis er geerdet und stabil ist.

Lassen Sie sich überraschen, was nach einer Aufstellungsarbeit geschieht. Nahezu sofort, manchmal auch ein wenig später, verändert sich die Person, deren Beziehungsgeist sie aufgestellt haben. Im Grunde sind die Menschen in unserem Leben so, wie wir sie sehen. Wandeln wir unsere Sichtweise, geben wir ihnen die Erlaubnis, sich zu verändern. Das geschieht dann auch häufig. Manchmal verschwinden diese Personen aus unserem Leben, da in unserem Unbewussten keine Anziehungskraft mehr vorhanden ist.

Man kann den Geist der Beziehung zu allem aufstellen, zu dem wir eine Beziehung haben, also auch zu Dingen, Menschengruppen oder abstrakten Themen wie etwa unserem Beruf, unserer Firma, unseren Mitarbeitern, dem anderen Geschlecht, zu Geld, zu unserer Berufung, zu unserem zukünftigen erleuchteten Selbst, zu Computern oder Technik im Allgemeinen. Alles und jedes in unserem Leben ist ein Teil von uns selbst, den wir nach außen projiziert haben und zu dem wir in Beziehung treten.

Wenn wir mit irgendeiner Sache hartnäckige Probleme haben, ob das nun Computer sind, die immer nur bei uns „spinnen", wir Technik nur als notwendiges Übel ansehen oder wir immer den falschen Typ als Partner oder Partnerin anziehen, weil wir tief sitzende Glaubensmuster haben, die besagen: „Männer sind ... oder Frauen sind ...", dann eignen sich diese als hervorragende Einsatzgebiete für die Aufstellung mit der Zwei-Punkt-Methode.

Sollten Ihnen diese Erklärungen nicht ausreichen, um die Zwei-Punkt-Methode ohne Einsatz der Hände oder die Aufstellungsarbeit zu erlernen, empfehle ich Ihnen den

*QCT-Advanced-Heimstudien-Kurs.* Durch den intensiven Unterricht in diesem Video (Dauer: 4,5 Stunden) wird es Ihnen sicherlich gelingen, die Methode einzuüben. Außerdem gehen Sie kein Risiko ein, da der Kurs eine zweiwöchige Geld-zurück-Garantie bietet. Mehr Informationen und Bestellungen telefonisch unter +43 (0) 2272/20258 und online auf der Website *www.qct-seminar.com*

## Teil 3

# Praktische Umsetzung von QCT

# Einleitung

Dieser Teil des Buches lädt Sie ein, Ihr volles Potenzial zu leben, denn die Freude, Kraft und Kreativität, die Sie dabei freilegen und erleben, sind die Mühe wert.

Wenn wir nachhaltige und kontinuierliche Veränderungen in unserem Leben bewirken wollen, bedarf es natürlich zuerst einmal einer entsprechenden Veränderung in unserer Persönlichkeit und somit unserer Ausstrahlung, damit dies dann unsere äußere Realität widerspiegelt. Grundlage für eine derart tief gehende und beständige Veränderung in uns ist eine starke Übereinstimmung unserer Gedanken, Worten und Taten mit unserer Lebensbestimmung.

Sollen unsere Bemühungen von dauerhaftem Erfolg gekrönt sein, müssen wir das Pferd von vorne aufzäumen und es dann mit beständiger Achtsamkeit reiten. Mit anderen Worten: Wir sollten zuerst unsere Bestimmung erkennen und diese dann umsetzen. Zugleich streben wir achtsam danach, unsere Gedanken, Worte und Taten immer stärker mit dieser Bestimmung in Einklang zu bringen. Bei diesen Bemühungen stoßen wir zwangsläufig auf alle Hürden und Hindernisse, darunter alte Glaubensmuster, Gewohnheiten, Konditionierungen, Ängste, Minderwertigkeitsgefühle und so weiter. Erkennen wir diese, nutzen wir die wertvolle Gelegenheit, die Begrenzungen in unserem Bewusstsein aufzulösen.

Bei diesem Prozess ist eine andere Einstellung zu unseren sogenannten Problemen hilfreich. Probleme und Herausforderungen sind eines der Lieblingsspiele des Ego, das uns von unserer wahren Natur ablenken will. Das Ego erschafft Probleme, die scheinbar „dort draußen" liegen, und verspricht uns entsprechende Lösungen ebenfalls „dort draußen". Wenn wir uns auf dieses Spielchen einlassen, kann sich das Ego grinsend zurücklehnen, die Hände reiben und unsere Bemühungen beobachten. Es spielt für das Ego keine Rolle, ob wir die Probleme lösen oder nicht, Hauptsache wir sind beschäftigt. Manche von uns lassen sich von Problemen in die Knie zwingen, während andere zu Meistern der Problemlösung werden. Beiden Varianten gemeinsam ist, dass sie der Illusion einer externen Welt Glauben geschenkt haben. Damit haben wir die illusorische Dualität gestärkt und uns geschwächt.

Eine viel sinnvollere Betrachtungsweise von Problemen ist, sie als Hinweisschilder zu verstehen. Sie weisen uns darauf hin, wo wir unsere Fähigkeiten nicht leben. Stellen Sie sich einmal vor, Sie wären zu einer Schatzsuche eingeladen und müssten anhand von Hinweisschildern Schatzkammern entdecken und die Kostbarkeiten sammeln. Wer am Schluss die meisten Schätze vorweist, hat gewonnen. Nun sind Sie auf Schatzsuche, anstatt jedoch die Hinweisschilder zu nutzen, ärgern Sie sich über die Schilder: „Warum steht dieses dumme Schild hier, es versperrt mir den Weg!" Sie ärgern sich nicht nur, nein, sie unternehmen sogar alle möglichen Anstrengungen, um das Schild loszuwerden. Sie versuchen es auszugraben, abzuschneiden, zu übermalen, was auch immer. Das scheint für den gesunden Menschenverstand ziemlich töricht zu sein, denn die Schilder wollen Ihnen ja den Weg zu den Schätzen zeigen. Anstatt sich darüber zu freuen und den Anweisungen zu folgen, vergeuden Sie Ihre Energie mit der Vernichtung der Schilder.

Das hört sich ziemlich einfältig an, wenn man das so liest, oder? Aber genau das machen wir Menschen jeden Tag. Wir erleben Probleme, Herausforderungen und Widerstände im täglichen Leben. Wir ärgern uns und jammern, anstatt sie als Zeichen und Aufforderung unserer blockierten Energien zu sehen, diese zum Fließen zu bringen, um so unsere latenten Fähigkeiten besser zu nutzen.

Wenn wir diese Einstellung jetzt ändern, kommen wir in Zukunft wesentlich besser voran. Wir beschließen, Probleme von nun an als das zu sehen, was sie wirklich sind: unsere Verbündeten in der Bemühung, frei zu werden. Sie zeigen uns, wo wir uns bisher beschränkt haben. Wir nehmen uns von nun an die Zeit und Aufmerksamkeit, um herauszufinden, was uns das jeweilige Problem zeigen will. Wir nutzen die Zwei-Punkt-Methode, um die blockierte Energie wieder zum Fließen zu bringen und nehmen diese Energie ganz bewusst in unseren Energiehaushalt auf. Wir entscheiden uns, diese Energie von nun an dafür zu nutzen, die in uns schlummernden Fähigkeiten zu wecken und zu leben. Wir sind offen für den Prozess, der sich daraus entwickeln will, und bewegen uns im Fluss mit.

Wenn Sie dafür bereit sind, treffen Sie diese Entscheidung jetzt und untermauern Sie sie, indem Sie gleich eine Zwei-Punkt-Eigenbehandlung durchführen, um Ihre alten Konditionierungen im Hinblick auf Probleme aufzulösen. Anschließend integrieren Sie diese neue, hilfreiche und konstruktive Sichtweise der Probleme. Abschließend verbinden Sie sich mit Ihrem zukünftigen Selbst, das sein volles Potenzial lebt, da es jedes Problem als wertvollen Hinweis begrüßt.

# Unser Potenzial erfolgreich entfalten

Wir entfalten unser volles Potenzial am einfachsten, indem wir:

1. eine sinnvolle Struktur haben;
2. die richtige Einstellung kultivieren;
3. QCT konsequent im Alltag umsetzen und
4. all dies durch einen starken Energiehaushalt ermöglichen.

### Zu 1. Eine sinnvolle Struktur haben

Wie bereits erwähnt, zäumen wir das Pferd richtig auf, wenn wir zuerst unsere Berufung entdecken und erfolgreich leben. Das führt zu innerem Frieden, Freude und Fülle. Das spiegelt sich dann wiederum im Außen.

In Teil 4 dieses Buches besprechen wir bei der Projektplanung, wie wir unterschiedliche Projekte nutzen können, um unsere latent vorhandenen Potenziale zu entfalten und so immer stärker in Einklang mit unserer Bestimmung kommen. Diese Vorgehensweise verhält sich entgegengesetzt zu den Einflüsterungen des Ego. Das Ego erzählt uns ständig, dass wir zuerst im Außen etwas erledigen oder erreichen müssen, bevor wir das bekommen, was wir wollen. Ob das nun materielle Dinge sind wie ein beeindruckendes Auto, ein schönes Haus oder luxuriöse Reisen – wir glauben, dass wir uns erst mit ihnen reich fühlen. Oder es denkt sich psychologische Spielchen aus, zum Beispiel das Erstreben einer machtvollen Position in der Firma, damit wir uns als wertvoll und wichtig erleben. Dieser Wunsch zeigt ein krankes Selbstwertgefühl. Oder im spirituellen Bereich, in dem wir Erleuchtung anstreben und uns dieser schon ganz nahe fühlen und nur noch ein Seminar oder einen *Satsang* (eine Sitzung bei einem spirituellen Meister) benötigen, um endlich den großen Durchbruch zu schaffen.

All diese Szenarien sind Spiele des Ego, um uns auszutricksen und davon abzulenken, dass wir bereits Fülle, Frieden, Freude und Liebe sind und deshalb überhaupt nichts im Außen benötigen. Dem Ego ist es völlig egal, womit es uns ablenken kann, sei es eine Nobelkarosse oder ein kleines *Samadhi*-Erlebnis, das wir aber erst in der Zukunft haben können. Hauptsache, wir glauben, es sei „dort draußen" oder ereigne sich früher oder später. Beides existiert jedoch nicht. Es gibt ausschließlich das Hier und Jetzt. Und auch das ist nur eine Durchgangstation zu unserer wahren Natur, es ist nicht das Endziel.

Das Hier und Jetzt ist nur eine Pforte, nicht das Ziel.

Selbst auf dieser subtilen Erkenntnisebene spiritueller Zusammenhänge mischt sich das Ego ein und erschafft Scheinrealitäten. Viele spirituelle Menschen glauben, ihren Erleuchtungsweg erfolgreich gemeistert zu haben, wenn sie bewusst mit den Gedanken nicht in der Vergangenheit oder Zukunft verweilen, sondern ihrem Gefühl nach im Hier und Jetzt. Sie fühlen sich meistens relativ friedlich, in Freude (oder einem etwas abgehobenen Glückszustand) und einem Zustand der Verbundenheit. Diesen Zustand haben sie aber nicht immer. Es gibt nach wie vor Momente und Menschen, die „Knöpfe drücken" können. Es gibt die Zustände von spirituellem Stolz (auch wenn sie sich das nicht eingestehen wollen), in denen sie sich erhaben und viel weiter entwickelt fühlen als alle anderen Normalsterblichen. Und schon hat das Ego wieder gewonnen. Auf dieser Ebene ist es ein weiterer beliebter spiritueller Trick des Ego, das mangelnde Selbstwertgefühl auszuspielen. Man fühlt sich so klein im Vergleich zum Meister oder Lama. Man glaubt noch viele Leben meditieren zu müssen, bevor man die Erleuchtung verdient hat. Diese begrenzende Selbsteinschätzung hilft ebenso wenig wie die zuvor beschriebene Arroganz.

Ich weise auf diese Zustände hin, da ich sie alle erlebt habe. Für mich veränderte sich das entscheidend, als ich die Sichtweise einnahm, dass dieses Universum gar nicht existiert und wir alle als ein einziger Geist bereits erleuchtet sind. Von daher gibt es nichts zu erreichen. Alles, was ich tue, ist, einen Traum noch einmal anzuschauen. In diesem Traum habe ich mir diverse Rollen ausgesucht und diejenige, die mir gerade bewusst ist, heißt: Andrew Blake, Seminarleiter und Autor. Ich betrachte einen Film. Die Rolle Andrew Blake ist nicht erleuchtet oder perfekt, sie ist wie mein Avatar (die Hauptfigur in dem gleichnamigen Film), der mir ermöglicht, auf einem fremden Planeten zu funktionieren. Ich tauche mit meinem Bewusstsein in den Körper des Avatars ein und erlebe die Welt von Andrew Blake. Meistens vergesse ich das und bin so mit seiner Persönlichkeit und ihren Erlebnissen identifiziert, dass mich das völlig vereinnahmt. Trotzdem könnte ich mich jederzeit von der Rolle lösen, den Avatar loslassen und mich meiner selbst erinnern. Ich tue das in den Momenten, in denen ich eine begrenzende Situation erkenne, diese annehme, so wie sie jetzt gerade ist, und mit der Zwei-Punkt-Methode alles Begrenzende auflöse.

Ich werde zum bewussten Spieler in dieser holografischen Inszenierung. Diese Sichtweise gibt mir einen pragmatischeren Ansatz für den Umgang mit meinem Leben. Ich weiß, ich werde nicht irgendwann in der Zukunft aufwachen, sondern Hier und Jetzt. Es gibt nichts anderes, also brauche ich mir keine Gedanken darüber zu machen, wann ich das erleben werde. Ich bin mir bewusst, dass es eine Rolle ist, die hier erlebe. Diese Rolle hat ein Skript, das einen sogenannten Entwicklungsweg, eine Evolution, einen Transformationsprozess vorgibt. Das existiert natürlich alles nicht, da Zeit eine Illusion ist. Aber ich erlebe es gerade so, da ein Teil von mir sich entschieden hat, dieses Theater mitzuerleben.

Diese innere Haltung hat mir sehr geholfen, mit meinem Leben anders umzugehen. Ich kann die Schwächen meiner Persönlichkeitsstruktur viel besser akzeptieren und mit viel mehr innerem Abstand damit arbeiten. Ich sehe mich nicht mehr als Opfer oder als überlegen. Ich erwarte nicht mehr von äußeren Dingen, dass sie mich wirklich befriedigen können. Egal wie gut das Essen schmeckt, wie schön das Haus oder der Sonnenuntergang ist, welchen ekstatischen Höhenflug Sexualität beschert, wie herzerwärmend ein spezielles Familienerlebnis auch sein mag, es ist alles nur ein Traum, der längst vorbei ist.

Sie kennen sicher das Gefühl, zwischen den Welten zu sein, das sich einstellt, wenn Sie gerade aufwachen, aber noch halb im Traum sind. Es ist dieses Gefühl zu wissen, dass man in einem Traum ist. Dieses Gefühl stellt sich bei mir immer öfter ein, während ich durch die sogenannte Realität gehe. Wenn Sie also im Laufe der Zeit immer wieder Momente erleben, die sich sehr surreal anfühlen, dann zweifeln Sie nicht an Ihrer geistigen Gesundheit, sondern betrachten Sie sie als Zeichen, dass sich Ihre Verhaftung mit dieser Scheinrealität zu lösen beginnt.

Ich genieße all die Dinge, die dieser Traum zu bieten hat, und nehme sie bewusst und dankbar als Spiegel für meine innere Freude, Fülle und Liebe an, aber ich erwarte nicht von ihnen, dass sie mich glücklich machen, denn das können sie nicht. Was mich glücklich macht ist, meine Essenz zu fühlen. Das geschieht am stärksten, wenn ich im Einklang mit meiner Rolle bin. Mehr kann ich nicht erreichen, solange ich mich innerhalb des Traums befinde. Deshalb halte ich es für den wichtigsten und sinnvollsten ersten Schritt, die eigene Berufung zu erkennen und zu leben.

Wenn wir noch keine richtige Idee über unsere Berufung haben, können wir trotzdem schon einmal mit einer entsprechenden Projektplanung beginnen. Das wird in Teil 4 beschrieben. Die Ideensammlung in Schritt 1 der Projektplanung können wir auch durch den im Folgenden beschriebenen, angeleiteten Prozess unterstützen. So stellt sich immer mehr Klarheit darüber ein, bis wir zu Schritt 2 der konkreten Planung unserer Berufung übergehen können.

Nehmen Sie sich für den folgenden Prozess wenigstens eine halbe Stunde Zeit, in der Sie ungestört sind. Legen Sie Stift und Papier bereit, machen Sie es sich bequem, legen sie beruhigende Musik auf, schließen Sie die Augen und entspannen Sie sich. Stellen Sie sich vor, Sie hätten im Lotto gewonnen oder geerbt. Nehmen Sie einen Gewinn an, den Sie noch irgendwie für möglich halten. Zugleich sollte er groß genug sein, dass Sie nie wieder arbeiten müssen. Nehmen Sie eine Zahl, die für Sie passt: 10, 50, 100 Millionen oder noch mehr. Nun gehen Sie auf eine Fantasiereise und stellen sich alles vor, was Sie mit diesem Geld machen werden. Halten Sie sich nicht zurück. Leben Sie alles in Gedanken vollständig aus. Egal wie lächerlich oder kindisch die Ideen sein mögen, egal wie materialistisch und unspirituell. Begeben Sie sich ganz in die Fantasie und erleben, spüren und fühlen Sie alles: Kleider, Schmuck, Autos, Häuser, Reisen, feinste Restaurants und Hotels, Privat-Jet, Jachten ...

Leben Sie alles aus, was Ihnen in den Sinn kommt, jede Fantasie und jede unmögliche Sache, die sie schon immer einmal machen wollten. Dies vollziehen Sie bis zu dem Punkt, an dem Ihnen nichts mehr einfällt und die Reichtümer langsam langweilig werden. Dann fragen Sie sich: „Was nun? Was mache ich mit meinem Leben, nun, da ich alles habe, was ich mit Geld kaufen kann und ich alles erlebt habe, was ich je machen wollte? Was fange ich mit dem ganzen Geld und vor allem mit meinem Leben an?"

Wenn Sie sich diese Fragen gestellt haben, entspannen Sie sich einfach weiter und lassen die Ideen und Inspirationen sprudeln. Was nun auftaucht, kommt wahrscheinlich aus Ihrem Herzen und ist von Ihrer Seele inspiriert. Hier geht es nicht mehr um Konsum, um die Befriedigung von Bedürfnissen, sondern um Erfüllung, um Kreativität oder darum, zu Diensten zu sein. Diese Ideen sollten Sie notieren und als Ausgangspunkt für eine Projektplanung verwenden. Je früher Sie Ihre Berufung entdecken oder – falls Sie diese schon kennen – erfolgreich umsetzen, desto eher kommen Sie in den Genuss eines rundum erfüllten und glücklichen Lebens. Eine wirklich sinnvolle Struktur und Planung für Ihr Leben stellt sich erst dann ein, wenn sie sich im Einklang mit Ihrer Seelenberufung befindet. Ansonsten haben Sie vielleicht ein geschäftiges Leben und vielleicht auch einige Erfolge und Vergnügen, aber niemals diese tiefe Erfüllung, die von der Seelenebene her rührt.

## Zu 2. Die richtige Einstellung kultivieren

Wie bereits beschrieben, ist eine andere Einstellung zum Thema Probleme durchaus hilfreich. Ebenso wichtig ist die im Philosophieteil beschriebene grundlegende Einstellung, dass alles „dort draußen" in Wirklichkeit ein Teil von uns ist. Dieser Teil verlangt nach Liebe und Heilung. Eine weitere Hilfe ist die gerade beschriebene Sichtweise, dass dieses Leben ein Traum sei. Diese Einstellung schützt uns davor, dass wir von den Widrigkeiten des Lebens vereinnahmt werden. Es ist eine bewusste Entscheidung, diese Einstellung zu den Umständen des Lebens einzunehmen. Wir wählen einfach immer wieder, die Dinge und Ereignisse so zu sehen. Wir erinnern uns daran, auch wenn die äußeren Faktoren dagegen sprechen und uns das Ego etwas anderes erzählen will. Das ist eine ständige Neujustierung. Wir richten uns immer wieder auf diese Sichtweise aus, anstatt den alten, gewohnten Ego-Sichtweisen zu folgen. Dieses Verankern einer neuen Sichtweise können wir immer wieder mit der Zwei-Punkt-Methode unterstützen.

Jedes Mal, wenn uns bewusst wird, dass wir bei Problemen die alte Sichtweise eingenommen haben oder einen anderen Menschen beschuldigen, das Problem zu sein, können wir innehalten und diese Sichtweise mit der Zwei-Punkt-Methode auflösen. Anschließend integrieren wir die neue Betrachtungsweise. Je öfter wir das tun, desto schneller verinnerlichen wir diese Weise, die Dinge zu betrachten. Das hebt unsere Ausstrahlung insgesamt auf ein höheres Niveau. Dadurch gestalten wir automatisch eine positivere Realität. Ich verfahre tagsüber fortlaufend so, während ich Tätigkeiten nachgehe, die nicht meiner vollen Aufmerksamkeit bedürfen. Ich rufe mir dabei Leitsätze ins Bewusstsein wie zum Beispiel „Ich bin reiner Geist, frei und unschuldig. Alles ist vergeben und aufgelöst. Dies ist nur mein Traum. Reiner Geist wohnt in meinem Herzen und strahlt durch mich in die Welt."

## Zu 3. QCT konsequent im Alltag umsetzen
bedeutet, dass wir die zuvor vorgestellte Sichtweise einnehmen und die Zwei-Punkt-Methode im Alltag einsetzen, sobald Probleme und Blockaden auftauchen. Da Sie nun die Methode ohne Einsatz der Hände anwenden können, brauchen Sie nicht zu warten, bis die Behandlung diskret erfolgen kann. Sie können diese während der Arbeit machen, während Sie die Straße entlanglaufen oder während eines Gespräches. Sie wenden die Methode an, sobald Ihnen begrenzende Gedanken oder negative Emotionen bewusst werden. Sie verfahren so immer und überall, sobald sich Blockaden in irgendeiner Form zeigen. Dies mag

am Anfang noch etwas herausfordernd oder uns nicht immer gegenwärtig sein, aber je mehr wir uns diese Praxis zur Gewohnheit machen, desto einfacher und automatischer arbeiten wir damit. Bald denken wir gar nicht mehr darüber nach, sondern begegnen so ganz natürlich den Herausforderungen des Alltags. Je mehr wir uns den Herausforderungen gestellt haben, desto mehr geht es um die subtilen Schichten, die uns erst dann bewusst werden. Es handelt sich um die kleinen, stillen Gedanken, die unauffällig durch unser Hirn huschen: die kaum merklichen Emotionen und körperlichen Reaktionen, die unterschwellige Sorge um die Kinder, das flaue Gefühl im Magen, die aufkommende Nervosität, das Gefühl, getrieben zu sein und so weiter. Das alles hält uns davon ab, durch das Hier und Jetzt hindurch in unsere Essenz einzutauchen. Ich werde bei den Fallbeispielen noch näher darauf eingehen.

### Zu 4. Ein starker Energiehaushalt

ist die Grundlage für die praktische Umsetzung der oben besprochenen Aspekte. Ich kenne das Phänomen nur zu gut, dass ich geniale Ideen habe, was ich mit meinem Leben anfangen möchte. Vielleicht verfüge ich auch noch über ausreichend Kraft und Klarheit für die Planung, aber für die Umsetzung reicht es dann nicht mehr, weil ich emotional, mental oder körperlich nicht genug Kapazitäten frei habe. Da helfen langfristig weder die Zwei-Punkt-Methode noch Willenskraft (diese kann man kurzfristig einsetzen, um eine Lücke zu füllen). Vielmehr geht es darum, eigenverantwortlich und sinnvoll mit unseren Ressourcen umzugehen und die Kraft auf allen Ebenen zu entwickeln oder zu erhalten, um unser Potenzial zu leben.

Nach meiner Erfahrung steht der erfolgreichen Umsetzung dieses eigenverantwortlichen Lebens in erster Linie ein Mangel an Selbstwertgefühl entgegen. Wir müssen erkennen, dass es nur der Änderung einiger Gewohnheiten bedarf, damit wir mehr Energie zur Umsetzung unserer Pläne und zum Leben unserer Berufung haben. Das würde uns Glück und Erfüllung schenken. Stattdessen wählen wir oft alte Ernährungsgewohnheiten, Suchtverhalten und unproduktive Verhaltensweisen. Wenn wir so leben, dann ziehe ich die Schlussfolgerung, dass wir es uns selbst in unserem tiefsten Inneren nicht wert sind, glücklich zu sein. Aus diesem Grund empfehle ich eine Aufstellungsarbeit für unsere Eigenbeziehung beziehungsweise die Beziehung zum eigenen Glück. Dann lösen wir täglich mithilfe der Zwei-Punkt-Methode alles auf, was unserer Energieoptimierung im Wege steht. Wir unternehmen zuerst diese Schritte, die nächsten folgen später.

## Unser Energiehaushalt

Ein Grundstein für das erfolgreiche und dauerhafte Umsetzen unseres vollen Potenzials ist die Balance unseres Energiehaushalts. Das Zauberwort in diesem Satz ist Balance. Es bringt nicht viel, in einem Bereich extrem stark und in einem anderen sehr schwach zu sein. Das Endresultat wird mittelmäßig. Wollen wir dauerhafte und sehr gute bis exzellente Ergebnisse, dann müssen wir in allen Kernbereichen unseres Lebens fit sein.

Ich teile unsere menschliche Erfahrung zunächst grundlegend in vier Bereiche ein:

o physischer Bereich;
o emotionaler/gefühlter Bereich;
o mentaler Bereich;
o spiritueller/energetischer Bereich.

Diese Ebenen werde ich in weitere wichtige Aspekte unterteilen und diesen dann im Detail Aufmerksamkeit schenken.

o Zum physischen Sektor gehören unser Körper, unsere Umwelt, Finanzen und Lebensstil.
o Körper: Essen, Fitness, Sexualität, Schlaf, Entgiftung, Massage
o Finanzen: Cashflow, Reserven, Planung für die finanzielle Freiheit
o Umwelt: Wohnung, Arbeitsplatz, Mitmenschen, Natur
o Lebensstil: Urlaub, Freizeitaktivitäten, Umgang mit der Technik

## Die physische Ebene

Diese physischen Komponenten haben nicht nur eine Auswirkung auf unsere Gesundheit und körperliche Leistungsfähigkeit, sondern auch auf unsere emotionale Stabilität und mentale Klarheit. Beginnen wir mit dem Offensichtlichsten, dem Umgang mit unserem Körper. Wie die Ratte in dem Film „Ratatouille" so trefflich sagte: „Wenn wir das sind, was wir essen, dann will ich nur die guten Sachen essen." Die Ratte meinte damit die französische Gourmetküche. Sie hat tatsächlich etwas für sich, wie ich bei meinem letzten Besuch in Paris feststellen konnte. Ich bin der Meinung, dass gutes Essen nicht nur gut schmecken muss, es sollte auch gesund sein. Die Frage, was nun aber gutes Essen ist, lässt sich nicht einfach beantworten. Ernährungslehren können so dogmatisch wie Religionen sein. Darin sehe ich keinen Sinn. Wir sollten auch bedenken, dass jeder Mensch anders ist und dass es Lebenszyklen, den Wechsel der Jahreszeiten und unterschiedliche klimatische Bedingungen gibt. Es gibt also keine allgemeingültige Ernährungsphilosophie. Dennoch habe ich nach vielfältigen Experimenten in diesem Bereich während der vergangenen 25 Jahre den Schluss gezogen, dass sich die Art und Weise, wie wir unseren Körper nähren und pflegen, stark auf die Bereiche „Gesundheit", „Wohlergehen", „energetisches Niveau" und „Leistungsfähigkeit" auswirkt. Darum ist es die Mühe wert herauszufinden, was uns guttut. Einige einfache Grundlagen möchte ich hier erwähnen. Wenn wir diese Erkenntnisse regelmäßig umsetzen, erleben wir eine große Veränderung in unserem Leben.

Ich beginne meinen Tag immer mit zwei bis drei Gläsern Wasser höchster Güte. Nach Möglichkeit sollte es frisches Quellwasser sein, ansonsten gefiltertes und energetisiertes Wasser. Im Laufe des Tages trinke ich mindestens zwei Liter Wasser. Außerdem versorge ich meinem Körper mit allen notwendigen Mineralien, Elektrolyten und Salzen. Das geht zum Beispiel ganz einfach und kostengünstig mit einem Teelöffel Salzsole aus Himalaja- oder Ursalz. Wenn ich auf Reisen bin, verwende ich stattdessen einige Tropfen *Nano2+* (ein spezielles Präparat, das den Körper mit allen Mineralien, Spurenelementen, Aminosäuren et cetera versorgt). Außerdem nehme ich diverse Kräuter und Nahrungsergänzungsmittel zu mir, wie zum Beispiel Omega-3-Fettsäuren, Ginkgo, Ginseng, Aminosäuren anstelle von Protein und so weiter (mehr Informationen dazu auf meiner Website unter „Servicebereich – Empfehlungen"). Ich nehme diese Vitalstoffe so, wie es sich für mich richtig anfühlt und nicht aufgrund eines Dogmas.

Ich experimentiere und nutze ergänzend die Zwei-Punkt-Methode, um die Energien zu integrieren, die mir diese Substanzen vermitteln. Manchmal verwende ich weniger oder keine Vitalstoffe und füge die Energie ausschließlich durch die Integration mithilfe der Zwei-Punkt-Methode zu. An anderen Tagen verwende ich die volle

Dosis an Nahrungsergänzungsmitteln, je nachdem, was gerade stimmig ist.

Ich bin überzeugt, dass wir alle eines Tages an den Punkt gelangen, an dem wir vollkommen frei von äußeren Faktoren wie Essen und Nahrungsergänzung existieren können. Auf dem Weg dorthin können gute und für uns passende Mittel in Kombination mit der Zwei-Punkt-Methode zur Stabilisierung unseres Energiehaushalts sehr hilfreich sein.

Bei der Auswahl meines Essens gehe ich sehr intuitiv vor und beherzige zugleich einige grundlegende Faktoren. Ich nehme soweit wie möglich biologisches und nicht genetisch manipuliertes Essen zu mir – frisches Obst und Gemüse, grüne Smoothies, Kombucha und Kefir, ab und zu Geflügel oder Fisch, wenig Alkohol (und wenn, dann gute Qualitätsweine oder Bio-Bier). Im Grunde versuche ich immer mehr, in Einklang mit den natürlichen Bedürfnissen meines Körpers zu leben, der in jedem Augenblick genau weiß, was ihm guttut. Diese natürlichen Bedürfnisse und unsere Fähigkeit, sie wahrzunehmen, sind häufig durch Gewohnheiten, Suchtverhalten, soziale Zwänge, Parasitenbefall, emotionale Zustände und weitere Störfaktoren überlagert. Das sind die Gründe dafür, dass unser natürliches, gesundes Körperbewusstsein verloren gegangen ist und wir ein unsagbar starkes Verlangen nach Ungesundem wie Schokoladenkuchen oder Kaffee entwickeln.

Ich fand die Bücher von Dona Gates „Body Ecology" (leider bisher nur auf Englisch verfügbar) und „Green for Life" von Victoria Boutenko sehr hilfreich auf meinem Weg, alte Gewohnheiten loszuwerden. Ich setze natürlich auch ständig die Zwei-Punkt-Methode ein. Sie hilft uns, Gelüste und Suchtverhalten zu transformieren. Wir können auch testen, ob uns ein bestimmtes Lebens- oder Nahrungsergänzungsmittel bekommt. Vor allem können wir alte Gewohnheitsmuster transformieren, die unsere Ernährung bestimmen.

Programmierungen aus unserer Kindheit entscheiden zumeist darüber, was wir essen und die Art, wie es auf uns wirkt. „Iss viel Fleisch, mein Kind, damit du groß und stark wirst." „Milch bringt Lebenskraft." „Ein ordentliches Essen besteht aus Kohlenhydraten, Proteinen und Gemüse." Diese Verallgemeinerungen, die oftmals von Marketing-Agenturen bestimmter Interessengruppen in die Welt gesetzt werden, dienen wohl zwar der wirtschaftlichen Gesundheit dieser Industriezweige, aber nicht unbedingt unserer körperlichen Gesundheit.

Für mich ist das Wichtigste bei den Themen „Essen" und „körperliche Fitness" meine persönliche Freiheit. Das ist in allen Bereichen meines Lebens das Wichtigste. Ich fühle mich nicht wirklich frei, wenn ich drei- bis fünfmal täglich essen muss oder wenn manche Nahrungsmittel mich dick und träge machen und meine mentale Leistungsfähigkeit und Lebensfreude dämpfen. Wenn ich auf Reisen mittelmäßiges Essen zu mir nehme, weil es nichts anderes gibt, nur um meinen Hunger zu stillen.

Andererseits mag ich auch keine erzwungenen Aktionen. Ich habe den Lichtnahrungsprozess vollzogen und weiß, dass mein Körper von *Prana* erhalten wird und nicht von Schnitzel mit Pommes frites. Ich sehe es auch nicht als wirkliche Freiheit an, gar nichts mehr zu essen und vor allem den sozialen Faktor des Essens zu versäumen. Das Ideal, das ich derzeit anstrebe, ist nichts mehr essen zu müssen, aber jederzeit alles essen zu können. Setzt man mir auf Reisen nur minderwertiges Essen aus der Mikrowelle vor, möchte ich darauf verzichten können. Und wenn ich zu Hause eine kreative Phase habe, möchte ich sie nicht für das Essen unterbrechen. Andererseits macht es Spaß, mit Freunden zu kochen und ein schönes Essen mit einem guten Wein zu genießen.

Dies ist ein Projekt, das ich derzeit noch verfolge. Es geht darum, Schicht für Schicht der unterschiedlichen begrenzenden Aspekte aufzulösen und immer weiter in ein wirklich natürliches und freies Verhältnis zwischen Körper und Nahrung zu kommen. Ein Buch, das ich in diesem Zusammenhang sehr empfehlen kann, vor allem für diejenigen, die mit Übergewicht kämpfen, ist die „Gabriel Methode" von Jon Gabriel. Der Autor hat die Bewusstseinskomponente des Körpers durchschaut, die zu Übergewicht führt, und einen einfachen und effektiven Weg gefunden, mit dem Körperbewusstsein zu kommunizieren. Auch damit können wir die Zwei-Punkt-Methode hervorragend kombinieren und noch bessere Resultate erzielen.

Wenn wir unseren Körper gesund ernähren, wächst automatisch unser Verlangen nach Fitness. Ein gesunder Körper will sich bewegen. Bewegung macht Spaß und weckt die Lebensfreude. In Teil 4 habe ich eine der Projektplanungen dem Thema Fitness gewidmet. Für mich geht es auch hier in erster Linie um Lebensqualität und Freude. Wenn ich mich heute leicht, fit und kräftig fühle, weil mein Körper leistungsfähig ist und ich all die Dinge, die ich liebe mit Leichtigkeit machen kann, dann fühle ich mich frei und freudvoll. Dafür lohnt sich für mich der Aufwand.

Sexuelle Energie ist ein weiterer oft vernachlässigter Faktor unseres Energiehaushalts. Damit meine ich nicht nur ein erfülltes, harmonisches und liebevolles Sexualleben. Es ist natürlich fantastisch, wenn man es führt. Nicht jeder hat jedoch dafür in seinem Leben die nötigen Voraussetzungen. Dennoch besitzt jeder Mensch, gleich welchen Geschlechts oder Alters, die Möglichkeit, seine sexuelle Energie harmonisch und kraftvoll zum Fließen zu bringen. Das bringt einen enormen Anstieg der generellen Lebensenergie und Freude mit sich. Zu diesem umfangreichen Thema gibt es bereits sehr gute Fachliteratur, daher gehe ich hier nicht auf die Einzelheiten ein. Auf meiner Website finden Sie unter „Service – Empfehlungen" nicht nur Buchtipps, sondern auch Website-Links zum kostenlosen Herunterladen praktischer und empfehlenswerter Anleitungen zur Aktivierung der Sexualenergie.

Sorgen wir zudem für ausreichenden und erholsamen Schlaf (wichtige Faktoren sind eine gute Matratze, die Neutralisierung von Störzonen, Fernhalten von Elektrosmog, Reizfreiheit durch Ruhe und Dunkelheit im Schlafraum), dann haben wir auf der körperlichen Ebene eine gute Grundlage geschaffen. Wir sollten sie langfristig bewahren, indem wir uns in regelmäßigen Abständen von den unvermeidbaren Giften unserer modernen Welt befreien, ganz gleich, wie gesund wir leben. Zum einen können wir regelmäßig kleinere Maßnahmen wie Saunabesuche, Salzbäder, entgiftende Tees und Fastentage in den Alltag integrieren. Zum anderen können wir einmal im Jahr körperlichen Frühjahrsputz halten. Eine längere Fastenzeit oder eine entgiftende Diät, ein Wellnessurlaub oder eine Phase mit speziellen Kräutern und Mitteln zur Entgiftung haben sich bewährt. Auch hierzu finden Sie hilfreiche Informationen auf meiner Website.

Um den körperlichen Aspekt abzuschließen, möchte ich noch die Vorteile guter Körperarbeit betonen. Eine gute Massage, Wasser-Shiatsu, sanfte Wirbelsäulentherapien oder Ähnliches helfen bei der Entgiftung, beugen chronischen Verspannungen vor und haben eine ausgesprochen angenehme und wohltuende Auswirkung auf unsere Emotionen.

Ist unser Körper gesund und fit, kommt die nächste Energie-Ebene an die Reihe, die uns in dieser physischen Realität erhält: Geld. Ein gesunder Geldfluss ist ein weiterer Grundpfeiler eines stabilen Energiehaushaltes. Wenn Geld in Ihrem Leben ein Thema ist, machen Sie ein Projekt daraus. Oft müssen Sie zuerst einmal die eigene Berufung erkennen oder – wenn Sie diese kennen –, damit erfolgreich werden. Gehen Sie konsequent daran, ihre Finanzen in Form eines Projektes zu ordnen und in Fluss zu bringen. Das fängt mit einem ausreichenden Geldfluss für die alltäglichen Bedürfnisse an, geht über das Anlegen von Reserven zur Abpufferung in schwierigen Zeiten bis schließlich zur finanziellen Freiheit.

Dann betrachten Sie Ihr Umfeld genau und prüfen Sie, ob Sie darin Veränderungen bewirken wollen, damit Sie das Umfeld als unterstützend erleben. Fühlen Sie sich in Ihrer Wohnung wohl? Wie steht es mit Ihrem Arbeitsplatz? Ihren Mitmenschen? Haben Sie ausreichend Kontakt zur Natur? Mit anderen Worten: Fühlen Sie sich in Ihrem Umfeld geschützt, getragen und unterstützt oder gibt es Bereiche, die Ihnen eher Energie rauben oder in denen Sie sich verwundbar fühlen? Betrachten Sie die Dinge ehrlich und verändern Sie in sich das, was geändert werden muss, damit es sich im Außen entsprechend widerspiegelt.

Das Gleiche gilt für Ihren Lebensstil. Finden Sie bei einer Bestandsaufnahme die Bereiche, die Sie verändern können, damit Sie mehr Nutzen daraus ziehen. Nehmen Sie sich ausreichend Urlaub und Auszeiten? Sind Ihre Freizeitaktivitäten nährend und stärkend oder nur oberflächliche Ablenkungen und Konsum? Sind Sie von der Technik abhängig oder können Sie auch gut einen Tag ohne Handy, Internet, Fernsehen et cetera leben?

All diese größeren und kleineren Komponenten unseres menschlichen Daseins ergeben zusammen ein energetisches Feld, das entweder stark und unterstützend für die anderen Aspekte unseres Wesens ist oder sie aber schwächt. In letzterem Fall haben wir auch im emotionalen, mentalen und spirituellen Bereich wesentlich schlechtere Karten.

## Gefühle und Emotionen

Als Gesellschaft sind wir auf dem besten Weg, zur lustigen Spaß-Gesellschaft zu verkommen und dabei wahrhaftige Freude gänzlich zu verlieren. Deshalb empfehle ich die bewusste Pflege von Familie, Freundschaften, Hobbys und vor allem die Arbeit an unseren Grundthemen. Es geht darum, unseren Selbstwert zu heilen und so unsere Bestimmung zu erkennen und zu leben. Das führt zu einem ausgesprochen freudvollen und glücklichen Leben und ist wesentlich erfüllender als Spaß mit oberflächlichen Ersatzbefriedigungen. An dieser Stelle möchte ich noch einmal kurz den Unterschied zwischen Emotionen und Gefühlen erläutern, da wir diese Worte im normalen Sprachgebrauch synonym benutzen. Für mich ist die Differenzierung wichtig und grundlegend.

Emotionen entstehen nach meinem Verständnis als Folge der scheinbaren Trennung im Geist. Dies geschieht, wenn der winzige Aspekt des Geistes, der sich scheinbar auf den Dialog mit dem Ego – dieser Idee von einer Trennung – eingelassen hat, in Zustände gerät, die es in der Einheit nicht gibt.

Als Folge der Trennung kommt Schuld auf, daraus entsteht Angst vor vermeintlicher Bestrafung, gefolgt von Aggression als Reaktion auf die potenzielle Bestrafung. Diese Grundemotionen werden dann kollektiv und schließlich individuell ausgelebt. Sie kommen in unzähligen Variationen kombiniert und in noch mehr Abstufungen und Intensitäten vor. Eine Variante ist zum Beispiel Trauer. Trauer ist unsere grundsätzliche Reaktion auf Trennung. Wir sind traurig, weil wir die Einheit, unsere Quelle, unser wahres Sein verloren haben. Das spiegeln wir kollektiv nach außen und erleben es in unzähligen größeren und kleineren Situationen, die uns traurig stimmen. Das Spektrum reicht von den großen Problemen dieser Welt wie Krieg, Hunger und Armut bis zu den persönlichen Verlusten, wenn uns nahestehende Menschen sterben, uns verlassen oder krank werden.

Wenn wir trauern, weil ein uns nahestehender Mensch gestorben oder weggegangen ist, und wir uns völlig auf diese Situation einlassen können, ohne die Situation oder die Trauer abzulehnen, dann empfinden wir früher oder später immer Freude. Denn tief in unserem Inneren sind wir eins im Geist, also auch eins mit der Person, die wir vermissen. Auf dieser wahren Ebene sind wir Freude.

Im Grunde erfahren wir durch diese grundlegenden Emotionen immer wieder das Erlebnis der Trennung von unserer Quelle. Solange wir diesen Mechanismus nicht durchschauen und auflösen, werden wir der Ego-Falle dieser dualistischen Welt nicht entrinnen. Wir verbessern vielleicht unsere Lebensumstände, indem wir mental klarer werden und mehr Kontrolle über unsere Emotionen ausüben, aber wenn wir nicht über diese persönlichen Verbesserungen hinausgehen, haben wir nur unsere Position auf der schwarz-weißen Skala unseres dualistischen Bewusstseins verschoben. Das mag sich zuerst einmal besser anfühlen und wir haben auch eine Erweiterung im Bewusstsein vollzogen, wenn wir aber an diesem Punkt stehen bleiben, gewinnt letztlich wieder das Ego. Dieser Zustand gleicht dem Casino-Grundsatz: „Das Haus gewinnt immer." Auch wenn ab und zu ein Spieler gewinnt, vielleicht sogar die Bank sprengt, so kommen süchtige Menschen doch immer zurück und verspielen ihre Gewinne wieder.

Wenn wir echte Freiheit anstreben und unser Leben nicht nur ein bisschen bequemer gestalten oder eine gewisse Pseudoerleuchtung erlangen wollen, müssen wir tiefer schauen. Diese eine Aufgabe müssen wir im Alltag immer und immer wieder vollziehen. Es reicht nicht aus, einmal eine Entscheidung für die Freiheit oder das Licht zu treffen. Jedes Mal, wenn wir uns von Emotionen vereinnahmen lassen, verleugnen wir unsere wahre Natur und erschaffen diese Illusion von Trennung aufs Neue. In Wahrheit sind wir reine bedingungslose Liebe. Dieser absolute Seinszustand ist vollkommen unbeeinflussbar von unseren Wahnvorstellungen innerhalb dieses Traumes von Dualität.

Diese Liebe hat nichts mit dem zu tun, was die Menschheit im Allgemeinen Liebe nennt. Menschliche Liebe ist immer an irgendwelche Bedingungen geknüpft. Wir lieben einen Menschen, weil ... jeder von uns dafür unzählige bewusste und unbewusste Beweggründe hat. Diese reichen von so simplen Motiven wie äußerlicher Attraktivität und sexueller Anziehungskraft oder die Vorliebe für den gleichen Humor, die Übereinstimmung des Geschmacks, über emotionale Kräfte wie das Gefühl von Sicherheit oder Geborgenheit bis hin zu karmischen Verbindungen wie Opfer-Täter-Verstrickungen und so weiter. Die Liste ist nahezu endlos. Die gesamten emotionalen Zustände, die allgemein mit Liebe beschrieben werden und die zu Beziehungen, Ehen und Scheidungen führen, haben nichts mit reiner bedingungsloser Liebe zu tun. Im Gegenteil – sie überdecken die Liebe, die wir sind. Hörten wir auf, uns an diese emotionalen Zustände zu klammern und lösten die Angst des Ego auf, die wir spüren, wenn wir uns dieser wahren Liebe hingeben, dann wäre einfach das da, was wir sowieso bereits die ganze Zeit sind. Dann würden wir diese Liebe ausstrahlen und sie würde sich automatisch im Außen widerspiegeln. Als Folge wären unsere Beziehungen harmonisch und liebevoll. Wir könnten uns den ganzen Aufwand sparen, im Außen die ideale Partnerin oder den idealen Partner zu suchen. Wir würden auch „unheimlich" ehrlich werden, unheimlich für unser Ego, denn wahre Liebe hat nichts zu verbergen und keine verdeckten Absichten, die sie erreichen möchte. Diese Liebe kann deshalb schonungslos ehrlich sein. Das behagt dem Ego gar nicht.

Wenn wir in einem Zustand wahrer Liebe sind, akzeptieren wir unsere menschliche Fassade so, wie sie ist, ebenso wie die der anderen Mitspieler in diesem Traum. Gleichzeitig können wir gesunde Grenzen setzen, klar fühlen, was stimmig ist, und das ebenso klar kommunizieren. Wir sprechen unsere Wahrheit und fürchten keine Konsequenzen. Das alles ist ein hohes Maß an Freiheit. Damit geht unendlicher Frieden einher, da es nichts zu fürchten oder zu erreichen gibt. Absolute, ekstatische Freude ist der natürliche Ausdruck dieser wahren Liebe, vollkommen unabhängig von jeglichen äußeren Umständen. Grenzenlose Fülle ist ein weiterer Seinsaspekt, der sich aus der Verbundenheit mit allem, was ist, automatisch ergibt.

Das sind in meinem Sprachgebrauch Gefühle: Freude, Frieden und Fülle und unzählige Variationen und Abstufungen davon. Gefühle entspringen der wahren Liebe, während Emotionen Ausdruck unseres Ego sind. Wenn wir diese wahre Liebe sind und aus dem Zustand der Vergessenheit erwachen, dann strahlen wir diese wahre Liebe aus und erleben sie als Widerspiegelung in unserem Leben. Dann ist es nicht länger sinnvoll, die Dinge im Außen zu suchen oder erreichen zu wollen. Offensichtlich befinden wir uns alle nicht auf diesem Niveau, sonst wäre unser Leben nicht so, wie es ist.

Es hilft nichts, sich zu wünschen, dass es anders wäre, oder sich etwas vorzumachen. Aus meiner Erfahrung heraus behaupte ich, dass das soeben dargelegte philosophische Verständnis der erste Schritt ist. Dann beginnt die Arbeit im Alltag. Wenn wir immer achtsamer durch unseren Tag gehen und immer mehr erkennen, wo wir uns durch Schuld, Angst und Aggression vom Ego einfangen lassen und diese Zustände und Situationen mit der Zwei-Punkt-Methode auflösen, dann werden wir mit jeder transformierten Schicht ein Stückchen freier. Später zeige ich bei den Fallbeispielen, wie wir das umsetzen können.

Damit die Sache effektiver ist, können Sie an dieser Stelle eine Pause einlegen und als Startschuss eine Reihe von Zwei-Punkt-Eigenbehandlungen durchführen. Wählen sie jeweils eine Situation aus Ihrem Alltag, in der sie Schuld, Angst oder Aggression erleben. Sie kann aus ganz unterschiedlichen Lebensbereichen stammen: alte Themen oder aktuelle, große Dramen oder ganz subtile Alltagssituationen. Sie können diese Themen bei sich erleben oder in Ihrem Umfeld. Ob Sie sich schuldig fühlen, weil Sie keine bessere Mutter waren oder Ihre Tochter Ihnen vorwirft, dass Sie versagt haben, kommt auf das Gleiche heraus: Sie erleben in Ihrem Bewusstsein Schuld und sind von Ihrer Quelle der wahren Liebe getrennt.

Ob Sie sich Sorgen um die wirtschaftliche Entwicklung in der Zukunft und Ihre gefährdete Rente machen oder glauben, Sie hätten alles im Griff und unter Kontrolle, weil Sie einen durchdachten Finanzplan haben, macht keinen Unterschied. In beiden Fällen leben Sie in Angst und nicht in der natürlichen Fülle Ihrer wahren Natur. Denn nur diese führt immer zu einem erfüllten Leben in unendlicher Fülle.

Es ist gleichgültig, ob sie ständig auf Menschen treffen, die wissen, wie man Sie reizt oder ob Sie sich spirituell und darum jeglicher Aggression erhaben fühlen, gleichwohl aber in Ihrem Umfeld streitende oder aggressive Menschen erleben. In beiden Fällen läuft es auf das Gleiche hinaus: In Ihrem Bewusstsein herrscht Aggression und Sie sind nicht im Frieden. Akzeptieren Sie das und stecken Sie den Kopf nicht in den Sand. Schauen Sie sich Ihre „Baustellen" an und bearbeiten Sie diese mit der Zwei-Punkt-Methode. Je öfter wir so vorgehen, desto eher werden wir von unseren Ketten befreit. Je mehr wir uns von diesen Grundthemen (Trennung, Schuld, Angst, Aggression) lösen, desto stärker kehrt unser natürlicher Selbstwert zurück. Direkt proportional dazu lässt unser

Bedürfnis nach Ersatzbefriedigungen nach. Wir brauchen nur deshalb oberflächliche Unterhaltung, Ablenkung und äußere Erlebniswelten, weil wir nicht mit unserer Fülle, Freude, Kraft und Kreativität verbunden sind. Nur aus diesem Grund reizen uns die Abenteuer und Dramen der Filmhelden auf der Leinwand. Deshalb lenken wir uns mit Aktivitäten und Informationen ständig ab. Wir müssen lernen, mit neuen Angeboten bewusst und klar umzugehen, sonst überwältigen sie uns.

Jedes Mitglied meiner Familie, auch ich, besitzt ein Handy. Wir nutzen es ganz praktisch nur zum Telefonieren, wenn es wirklich nötig ist, und nicht zum Plaudern. Wir reden miteinander am Esstisch und schicken in der Zeit nicht irgendwem eine SMS. Wir suchen uns bewusst körperliche oder geistige Aktivitäten, die wir gemeinsam erleben. Dazu gehören Reiten oder Schach spielen. Das ziehen wir dem gemeinsamen Fernsehen vor. Wenn wir einen Film sehen wollen, gehen wir ins Kino und reden danach über das Erlebte. Wenn Sie die Projektplanung in Teil 4 lesen, empfehle ich Ihnen, ebenfalls ein Projekt zu wählen. So können Sie ihr Familienleben, Freundschaften und Hobbys neu beleben und auf eine höhere Qualitätsebene bringen.

## Die mentale Ebene

Hier geht es in erster Linie darum, Achtsamkeit und Präsenz zu trainieren. Denn diese Eigenschaften versetzen uns in die Lage, mit unseren innewohnenden Fähigkeiten spontan auf das Leben zu reagieren. Dazu sind wir aufgefordert, zwei Aspekte zu entwickeln: Gehirn-Fitness und die Befreiung von eingefahrenen und begrenzenden Glaubensmustern.

Die Pflege der körperlichen Aspekte, die Sie gerade erfahren haben, liefert die Grundlage für eine optimale Nutzung unseres Gehirns. Wenn wir durch schlechte Ernährung, ständiges Fernsehschauen oder Computerspielen, mangelnde Bewegung und Sauerstoffmangel sowie schädigende Drogen oder Umweltgifte die körperlichen Grundvoraussetzungen für eine optimale Gehirnfunktion einschränken, folgen Konzentrationsmangel und mittelmäßige Resultate. Wenn wir im körperlichen Bereich jedoch die Voraussetzungen für ein erfolgreiches Gehirntraining geschaffen haben, dann entwickeln wir uns vom Gehirnbesitzer zum Gehirnbenutzer, wie es Vera Birkenbihl treffend darstellt.

Unser Gehirn will ebenso wie unsere Muskeln benutzt und trainiert werden, damit es kräftig und leistungsstark bleibt. Damit dieses Training auch fruchten kann, sorgen wir für mentalen Frühjahrsputz. Wir widmen uns zuerst den Glaubensmustern. Begrenzende Glaubensmuster, wie „Was Hänschen nicht lernt, lernt Hans nimmermehr" oder „Ich bin unmusikalisch, mathematisch nicht begabt, habe kein Namensgedächtnis" und so weiter, sind alles andere als hilfreich, wenn wir unsere latenten Fähigkeiten aktivieren wollen. Beginnen Sie mit strenger Gedankenhygiene. Jedes Mal, wenn Ihnen einschränkende Gedankengänge wie diese auffallen, halten Sie inne und transformieren Sie diese mit der Zwei-Punkt-Methode. Wir machen dies in dem Bewusstsein, nicht nur diesen Gedanken, sondern auch das ganze damit verbundene Glaubensmuster aufzulösen. Fangen Sie an, alles über die Möglichkeiten Ihres Gehirns zu erfahren. Lesen Sie Bücher von Vera Birkenbihl oder Dr. Joseph Dispenza und beginnen Sie, das Erlernte praktisch umzusetzen. Suchen Sie sich Lernprogramme wie „Lumosity" und entwickeln Sie eine einfache tägliche Routine. Schauen Sie sich Filme wie „Ohne Limit" mit Robert de Niro an und lassen Sie sich inspirieren. Entwickeln Sie mit der Projektplanung aus Teil 4 ein Projekt zur Optimierung Ihres Gehirns.

All diese Anstrengungen werden allerdings nur inner- halb des Umfelds fruchten, in dem sie angesiedelt sind. Damit meine ich unser grundsätzliches Weltbild. Wenn Sie ein solches Projekt tatsächlich umsetzen und beginn- nen, Ihre begrenzenden Glaubenssätze aufzulösen, wer- den Sie bald feststellen, dass es um viel mehr geht als nur um persönliche Einschätzungen, wie gut Sie in Mathema- tik oder Sprachen sind. Es geht vielmehr um unser grundsätzliches Verständnis von den Fähigkeiten des Menschen. Wie schnell können wir laufen, wie hoch sprin- gen, wie viele Sprachen sprechen, wie schnell rechnen, was können wir uns alles merken und so weiter – über all das gibt es vorherrschende Meinungen. Wir Menschen tei- len ein kollektives Verständnis unserer Fähigkeiten. Die- ses ist extrem begrenzt. Wir müssen uns in erster Linie von der Identifikation mit dieser kollektiven, unbewussten und engen Weltsicht lösen, wenn wir nachhaltigen und tief gehenden Erfolg anstreben.

Wir lösen uns von dieser Verstrickung jedes Mal ein klein wenig mehr, wenn wir einen begrenzenden Glau- benssatz in uns erkennen und mit der Zwei-Punkt- Methode auflösen. Wir lösen uns immer dann, wenn wir eine limitierende Situation nicht akzeptieren und nach Wegen suchen, sie zu erweitern. Wir erweitern unsere Möglichkeiten, wenn wir uns mithilfe der Zwei-Punkt- Methode mit Wissensfeldern verbinden und diese in un- sere Realität integrieren. Jedes Mal, wenn wir etwas in die- ser Art machen, erweitern wir unser Weltbild, lösen uns von alten Begrenzungen und werden ein Stück freier. Au- ßerdem machen wir es leichter für jeden, der unserem Bei- spiel folgen wird, da wir mit unserem Energiefeld in das kollektive Feld ausstrahlen.

## Spiritualität

Wenn wir die vorangegangenen Ebenen unserer Persönlichkeit ins Reine bringen, dann bereiten wir den Boden für unsere spirituelle Entwicklung. Spirituelle Entwicklung ohne Erdung sowie emotionale und mentale Klarheit ist nicht wirkungsvoll, da die Verankerung fehlt. Wir können uns einbilden, spirituell zu sein, weil wir auf „Wolke sieben" schweben, aber in Wahrheit sind wir nicht gegenwärtig genug, um echte Spiritualität zu leben. Der Körper muss für die Aufnahme spiritueller Energien bereit sein. Ausreichende Finanzmittel sind hilfreich, damit uns Existenzängste nicht ablenken. Innere Klarheit hilft beim wirksamen Umgang mit Emotionen. All diese Faktoren ermöglichen erst die innere Ruhe, um Stille wirklich zu schätzen und sie zu pflegen. Daraus entwickelt sich immer mehr geistige Klarheit. Dann können wir zum Beispiel in die Natur gehen und uns wirklich mit ihr verbunden fühlen, meditieren, Atemübungen und Yoga praktizieren und so immer mehr zu uns und unserem Weg finden. Dann können wir erkennen, was wahre Vergebung ist und diese praktizieren.

Wahre Vergebung, wie sie „Ein Kurs in Wundern" oder die Schamanen der Hawaiianer lehren, ist das genaue Gegenteil der traditionellen, kirchlichen Vergebung. Die traditionelle Vergebung bestärkt das Konzept von Gut und Böse, von Sünde und Vergebung, von Dualität und somit der Illusion. Wahre Vergebung besagt, dass alles bereits vergeben ist, da dieser Traum von Trennung nie geschehen ist. Es ist nur ein Traum. Es ist so, als hätten wir nachts einen Albtraum, in dem wir eine schlimme Tat begehen und uns schuldig fühlen. Erst beim Aufwachen stellen wir erleichtert fest, dass wir gar nicht schuldig sind, da in Wahrheit gar nichts wirklich Schlimmes geschehen ist. Es war nur ein Traum. Nach dem Erwachen ist alles vorbei und hat keine Konsequenzen für unsere Realität.

Genauso werden wir alle eines Tages unsere spirituellen Augen öffnen und in dieser Schau erkennen, dass nichts wirklich geschehen ist. Wir werden aus dem Traum erwachen. Das ist etwas anderes, als im Traum zu erwachen.

Man kann im Traum wach sein und das ganze Universum mit seinen ganzen Gesetzmäßigkeiten auf allen Ebenen durchschauen und ein bewusster Schöpfer seiner Realität innerhalb dieses Universums sein und dennoch den letzten Schritt zur vollständigen Freiheit nicht vollziehen. Dieses Erwachen im Traum ist die letzte und subtilste Falle des Ego, gaukelt es uns doch sehr geschickt vor, dass es nichts mehr zu erreichen gibt. Wir seien ja bereits erleuchtet. Wir müssten nichts mehr tun. Wir hätten es geschafft. Aber in Wahrheit haben wir den letzten Schritt in die absolute Freiheit, in die absolute Wahrheit, nicht vollzogen. Erst dieser Schritt führt über den leeren Geist hinaus. Es ist das Sich-fallen-Lassen in den Urgrund und das völlige Auflösen jeglicher Individualität. Das bedeutet das Ende des Ego, das ohnehin nie existiert hat.

Dieser Gedankengang zeigt uns auch noch einmal ganz klar, wie uns das Ego auf der ganzen Reise durch dieses illusorische Universum begleitet. Am Anfang sind wir vollkommen mit unserer Persönlichkeit identifiziert. Dann braucht das Ego keinerlei Anstrengungen zu unternehmen. Wir akzeptieren seine Weltsicht vollkommen, da wir uns mit dem Ego eins fühlen. Wir haben unsere Meinungen und Probleme. Die anderen Menschen und die Welt im Großen und Ganzen sind schuld. Und wenn sich nur die Umstände ändern würden, sodass sie in unser Konzept passen, wäre ja alles in Ordnung. Irgendwann treiben uns dann aber die Probleme und der Leidensdruck dazu, zumindest Verantwortung für die eigenen Entscheidungen und emotionalen Reaktionen zu übernehmen.

Etwas später entwickelt sich dann ein spirituelles Verständnis. Erkenntnisse wie das Resonanz- und Spiegelgesetz werden wenigstens teilweise verstanden und angewendet. Einerseits bedeutet dies für das Ego einen Verlust an Hoheitsgebiet, aber gleichzeitig weiß es sich anzupassen. Dann entwickelt es Strategien, mit denen wir uns besser fühlen, weil wir nun spirituell und bald erleuchtet sind und den Rest der Welt voller armer Sünder retten müssen. Diese spirituelle Arroganz ist nicht nur für Missionare reserviert, die esoterische Szene ist voll davon.

Wenn diese Strategie nicht funktioniert, kommt die Verdrehung spiritueller Wahrheiten. Wenn alles Liebe ist, dann müssen wir auch unser Ego lieben, denn Widerstand hält es am Leben. Diese Sichtweise ist fast richtig, aber eine kleine Verdrehung reicht, damit wir am Ego festhalten. Es stimmt, dass alles Liebe ist und Widerstand gegen eine Sache diese erhält. Aber wir können das Ego nicht lieben, da es nicht existiert. Folglich ist es völlig sinnlos, es zu hassen und zu bekämpfen. Das Einzige, das wirkt, ist seine Nicht-Existenz immer wieder zu erkennen. Wir machen uns ständig neu bewusst, dass wir nicht das Ego sind, und besinnen uns stattdessen auf unsere wahre Natur. Als solche sind wir reine Liebe, die nichts anderes als Liebe empfinden und erschaffen kann.

Aber wir können trotzdem nicht etwas lieben, das gar nicht existiert. Bedenken Sie diese Erkenntnis, falls irgendein New-Age-Lehrer Ihnen weismachen will, sie sollten Ihr Ego zu Tode lieben, denn das wäre der Weg in die Freiheit. Lieben Sie lieber sich selbst inklusive Ihrer illusorischen Verstrickung mit dem Ego. Einer der größten Liebesbeweise ist es, sich in einer aus Ego-Identifikation erschaffenen Situation seiner wahren Natur zu erinnern und die Energie wieder zum Fließen zu bringen. Das machen wir, wenn wir die Zwei-Punkt-Methode einsetzen.

Andere Menschen behaupten, sie seien mit den höchsten Ebenen verbunden und Gott habe dieses Universum einschließlich des Bösen darin aus Langeweile erschaffen. Sie meinen, Gott hätte dieses ewige Spielen der Harfen und das Singen von Lobeshymnen nur eine begrenzte Ewigkeit lang ertragen und darum Abwechslung benötigt. Ich halte diese Sichtweise für eine völlig menschliche Projektion auf Gott. Wir gehen bei solchen Ansätzen von unserer egobehafteten dualistischen Weltsicht aus. Dabei verdrehen wir die Wahrheit, dass Gott uns nach seinem Ebenbilde erschaffen hat, indem wir die Schlussfolgerung ziehen, Gott müsse so sein wie wir. Früher führte das zu so kindischen Metaphern wie Gott als alten Mann auf einem Thron darzustellen, der einem König gleich über sein Reich herrscht. Heute gehen wir psychologisch ein wenig höher entwickelt vor. Es handelt sich aber immer um dasselbe Prinzip.

Wir erkennen Energie als Grundlage der Materie, wir erkennen die Rolle von Bewusstsein als Steuerungsprinzip dieser Energie und wir kommen zu dem Schluss, dass Gott hinter all dem stecken muss, also auch hinter der dunklen Seite dieser Dualität. Dabei übersehen wir ein entscheidendes Detail. Gott, unsere Quelle, das eine Gewahrsein, kann nur aus sich selbst heraus mehr von dem erschaffen, was es ist. Es dehnt sich endlos jenseits von Raum und Zeit aus. Das Eine ist weder männlich noch weiblich, positiv oder negativ und es gibt per Definition nur eines, also kann die Dualität nicht aus ihm entspringen und folglich nicht real sein.

Das Eine ist reine, bedingungslose Liebe und kann nur mehr Liebe erschaffen. Es hat auch keine schlechten Tage, an denen es aus Langeweile oder Gehässigkeit ein dualistisches Universum mit einer boshaften dunklen Seite erschafft, um dann seine Kinder in diesen Schlamassel einer chaotischen Realität zu verbannen und sie dabei zu beobachten, wie sie sich leidend durch Milliarden von Jahren schleppen, um dann schließlich den gnädigen Herrgott spielen zu können, der seine Kinder wieder erlöst. Das wäre kein liebender Gott, sondern ein Psychopath. Gott ist aber allliebend, all-präsent und all-mächtig und er/sie/es hat mit diesem Universum nichts zu tun.

Ich weiß, dass diese Sichtweise für unseren doch recht beschränkten Verstand nicht wirklich begreifbar ist, aber tief in unserem Herzen können wir es selbst prüfen. Wenn wir tief genug gehen und die wahre Liebe dort finden und erkennen, dass alles gut ist, dann wissen wir, dass diese Welt nur ein Traum ist, aus dem wir in Kürze erwachen. Dann lachen wir einfach nur noch.

Auf dem Weg zu immer größer werdender geistiger Klarheit können uns auch Hilfsmittel wie das Christus-Gitternetz unterstützen. Ich erkläre zunächst das Christus-Gitternetz und anschließend, wie wir es mit der Zwei-Punkt-Methode nutzen können.

# Das Christus-Gitternetz

Betrachten wir unseren Planeten auf der physischen Ebene aus der Perspektive einer Raumfähre, zeigt sich das allgemein bekannte Bild der Erde mit den Ozeanen und Landmassen. Schauen wir uns nun die Erde auf der feinstofflichen Ebene an. Jetzt verändert sich das Bild enorm: Ein Gitternetz aus feinen Lichtbahnen, vergleichbar einem aus Licht gewobenen Fischernetz, überzieht den Planeten im Bereich der Ozonschicht. Das Gitternetz teilt sich in verschiedene Ebenen auf. Ein zweites Licht-Gitternetz liegt über einem ersten, gefolgt von einem dritten und vierten und so weiter. Unzählige solcher filigranen Lichtgitter liegen übereinander und hüllen den Planeten in einen fantastischen bläulich-weißen Lichtmantel.

Das erste Licht-Gitternetz ist das Bewusstseinsnetz der Mineralien auf dem Planeten. In diesem Gitternetz befinden sich alle Informationen über das Mineralreich der Erde auf allen Zeitebenen. Es lässt sich durch die universelle geometrische Lichtsprache entschlüsseln.

Das zweite Netz ist das Licht-Gitternetz der Pflanzen, gefolgt von unzähligen Licht-Gitternetzen der Millionen unterschiedlichen Tierspezies, allerdings mit einigen Ausnahmen, auf die ich gleich eingehe.

Solange auch nur ein einziges Exemplar einer Gattung am Leben ist, existiert ein solches Licht-Gitternetz. Es verbindet jedes Individuum dieser Spezies. Alle Erfahrungen dieser Spezies sind dort registriert. Jede weitere neue Erfahrung wird im Gitternetz als codiertes Licht abgespeichert. Stirbt eine Spezies aus, löst sich das Gitternetz auf. Die Information ist nur noch auf anderen Ebenen abrufbar, beispielsweise der Akasha-Chronik.

Auf das Licht-Gitternetz der Tiere folgt das Licht-Gitternetz der australischen Ureinwohner. Diese Aborigines leben in ihrer eigenen Realität auf einer eigenständigen Bewusstseinsstufe. Das nächste Gitternetz gehört den Wesen, die auf vielfältige Weise der Erde und ihren primären Lebensformen dienen, wie zum Beispiel Elfen, Gnome, Feen und ähnliche Wesen. Sie sind in verschiedenen Nischen der vierten Dimension angesiedelt und darum nur für Hellsichtige, Kinder, manche alte Menschen, Weise und manchmal auch für Betrunkene oder Drogennutzer sichtbar.

Auf dieses Licht-Gitternetz folgt das Netz der Menschheit auf ihrem derzeitigen Entwicklungsniveau, gefolgt von den Netzen zweier Spezies auf unserem Planeten, die über das höchstentwickelte Bewusstsein verfügen: Delfine und Wale. Delfine haben schon vor geraumer Zeit als Spezies das Wissen der *Mer Ka Ba* verwirklicht (das bedeutet, sie haben ihren Lichtkörper aktiviert) und leben auf dem Planeten in erster Linie nur noch, um uns Menschen den Aufstieg in ein höheres Bewusstsein zu erleichtern. Sie tun das, indem sie uns ein lebendiges Beispiel von Verspieltheit und Lebensfreude geben, für die sie weder Technologie noch Konsum benötigen.

Die Wale halten das bisher höchste kollektive Bewusstsein auf Erden und dienen als lebendige Bücherei. In ihrem Licht-Gitternetz bewahren sie die gesamte Information über die Entwicklung der Erde seit Anbeginn.

Das letzte Gitternetz wird noch nicht kollektiv von einer Spezies erfahren. Es stellt unsere Zukunft dar, das Bewusstseinsniveau, zu dem die ganze Menschheit aufsteigen wird. Ein paar Menschen haben über die Jahrtausende hinweg an diesem Licht-Gitternetz mitgewirkt. Sie werden im Allgemeinen als „Aufgestiegene Meister" bezeichnet. Deshalb nennt man dieses Netz auch das „Meister-Gitternetz".

Betrachtet man die Erde mit all ihren Licht-Gitternetzen, so präsentiert sich dem Beobachter ein fantastisches Bild: Mutter Erde schwebt wie ein königliches Juwel im weiten Weltraum.

Dieses Meister- oder Christus-Gitternetz folgt einem großen Plan, den die Aufgestiegenen Meister seit Jahrtausenden umsetzen. Beim Untergang von Atlantis versank nicht nur die Landmasse im Meer, damals brach auch das natürlich vorhandene Meister-Gitternetz zusammen. Das bedeutete, dass es für die Menschheit keine Zukunft mehr gab. Es befand sich nichts mehr im energetischen Bauplan der Erde, zu dem sich die Menschheit hätte hinentwickeln können. Als Folge drohte die Auslöschung der Menschheit innerhalb weniger Tausend Jahre. Aus diesem Grunde erklärten sich die Aufgestiegenen Meister bereit, das Meister-Gitternetz neu zu erschaffen. Sie entwickelten einen Plan, um das Gitternetz im Laufe von fast 13.000 Jahren neu zu installieren. Seit Ende des 20. Jahrhunderts hat nun die Menschheit die Möglichkeit, auf das nächsthöhere Bewusstseinsniveau aufzusteigen.

Die Umsetzung dieses Plans begann in Ägypten. Die drei Pyramiden auf dem Plateau von Gizeh bilden den Ausgangspunkt für eine Fibonacci-Energiespirale, die sich um den Planeten windet. Würden wir die energetische Ebene der Erde aus der Vogelperspektive betrachten, könnten wir eine goldene Energiespirale sehen. Sie beginnt in Nordägypten und windet sich um den ganzen Planeten. Um die Meisterenergie auf der Erde zu verankern, errichteten eingeweihte Meister entlang dieser Spirale im Laufe der Jahrtausende verschiedenste besondere Bauwerke. Diese heiligen Stätten sollten den Menschen helfen, sich ihrer göttlichen Natur wieder bewusst zu werden. So entstanden auf der Spirale unter anderem die Altäre und Kultstätten der Druiden, die Tempel der Griechen, der Maya und Inka, die Klöster der Tibeter und viele weitere Bauwerke.

Die Seelenfamilien, die sich zur Umsetzung des Plans bereit erklärt hatten, inkarnierten immer an spezifischen Orten und Zeiten in speziellen Rollen als Priester, Heiler,

Seher, Astrologen, Häuptlinge, Schamanen, Mönche und Äbte. Sie fügten dem großen Mosaik jeweils ein Puzzlestück hinzu.

Alles diente dem Ziel, das Christus-Gitternetz oder Meister-Gitternetz neu zu errichten und physisch zu verankern. Zu diesem Zwecke mussten Menschen geboren werden, die während eines Lebens Meisterschaft erlangten. Dieses erleuchtete Bewusstsein floss jeweils in das Gitternetz ein und stand damit dem Kollektiv zur Verfügung. So kamen erleuchtete Wesen wie Echnaton, Buddha, Christus, der Graf von St. Germain und viele andere auf die Erde. Im Umfeld dieser speziellen Inkarnationen wirkte immer ein ganzes Heer von Lichtarbeitern, die in unterstützenden Rollen inkarnierten, sei es als Vater oder Mutter der betreffenden Person, als Lehrer, Freunde, Schüler, Helfer und Gönner.

Neben diesen historisch herausragenden Persönlichkeiten arbeiteten immer viele andere daran, das Gitternetz zu verankern. Diese Arbeit leisteten oftmals ganz unscheinbare Menschen, deren Inkarnation dennoch sehr wichtig war. Da gab es einen einfachen Schamanen der Maya im Urwald, der in seiner Strohhütte lebte, die Gesundheit des Stammes bewahrte und der ganz nebenbei und selbstverständlich täglich mithilfe von Kristallen ein Ritual an einem einfachen Steinaltar ausführte. Dieser Altar befand sich auf der besagten Spirale, die im ägyptischen Gizeh ihren Anfang nimmt. Durch dieses tägliche Ritual entwickelte sich jener Punkt auf der Spirale im Urwald zu einem fest verankerten Energiepunkt auf dem Energiewirbel des Meister-Gitternetzes.

Die Konkurrenz schlief natürlich nicht. Die dunkle Seite tat alles in ihrer Macht Stehende, um die Etablierung des Gitternetzes zu verhindern. So erlebten die meisten Meister Verfolgung oder Hinrichtung. Kultstätten der Druiden wurden zerstört, an ihrer Stelle wurden Kirchen errichtet. Das Wissen, das zur geistigen Freiheit führt, wurde so weit wie möglich vernichtet oder unter Verschluss gehalten oder so verdreht, dass es zur Lüge verkam oder dem Anwender sogar schadete. So spielten das Dunkle und das Helle ihr Spiel. Die einen versuchten in geheimen Gesellschaften altes überliefertes Wissen der Meister zu bewahren und weiterzugeben, die anderen verfolgten diese Gesellschaften oder infiltrierten sie, um sie zum Machtmissbrauch zu manipulieren. So drehte sich die Spirale der menschlichen Bewusstseinsevolution weiter, Jahrhundert um Jahrhundert. Fortschritte und Rückschläge begleiteten die Entwicklung des Christus-Gitternetzes, bis es im Jahr 1987 nach unserer Zeitrechnung schließlich rund um die Erde verankert war.

Die Menschheit kann nun erneut auf ein höheres Bewusstseinsniveau aufsteigen. In den 150 Jahren von 1950 bis 2100 vollzieht sich ein starker Wandel im Bewusstsein der Menschheit. Diese Veränderung wird hauptsächlich durch ein energetisches Phänomen ausgelöst, das auch als elektromagnetische Nullzone bezeichnet wird. Um diese elektromagnetische Nullzone zu verstehen, muss man ein paar Details über energetische Abläufe in diesem Universum kennen.

Genauso, wie sich die Erde einmal im Jahr um die Sonne dreht, so kreist unser Sonnensystem einmal in 216 Millionen Jahren um die zentrale Sonne unserer Galaxie. Während dieses sogenannten kosmischen Jahres ist die Erde unterschiedlichen energetischen Einflüssen ausgesetzt. So sind zum Beispiel die Halbjahres-Punkte, also alle 108 Millionen Jahre, von besonderer Bedeutung. Während die Erde durch diesen Wendepunkt im kosmischen Jahreszyklus zieht – das dauert ca. 150 Jahre – ist sie speziellen Energien ausgesetzt. Diese elektromagnetische Nullzone unterstützt eine Frequenzerhöhung der Erde und zugleich auch eine Frequenzerhöhung des auf ihr vorhandenen Lebens. Wie wir mittlerweile wissen, bedeutet Frequenzerhöhung zugleich auch Bewusstseinserweiterung. Unser Planet und damit alle hier vorhandenen Lebewesen durchlaufen gerade eine enorme Bewusstseinserhöhung.

Markante Jahreszahlen während dieses Prozesses sind:

o 1950: der Eintritt in die elektromagnetische Nullzone;
o 1987: die sogenannte Harmonische Konvergenz mit der Fertigstellung des Meister-Gitternetzes;
o 2012: der Wendepunkt im 26.000 Jahre währenden Zyklus;
o 2017 bis 2035: der Höhepunkt der elektromagnetischen Nullzone und Wendepunkt im 108-Millionen-Jahres-Zyklus und schließlich
o 2100: der Austritt aus der Zone.

1987 markierte einen wichtigen Abschnitt, da erst zu diesem Zeitpunkt das Meister- oder Christus-Gitternetz wiederhergestellt und damit die Menschheit fähig für den Aufstieg war. Die nächsten 25 Jahre dienten einer stetigen Frequenzerhöhung, damit 2012 der Übergang vom Fische- ins Wassermannzeitalter stattfinden kann. Danach baut sich die Energie noch weiter auf, bis die Erde 2017 in den intensivsten Bereich des Photonengürtels der elektromagnetischen Nullzone eintaucht und dort bis 2035 auf ein völlig neues Energie- und damit Bewusstseinsniveau aufsteigt. Dieser Aufstieg zieht in erster Linie eine wesentlich größere Klarheit im Manifestationsprozess nach sich. Es wird uns Menschen immer offensichtlicher und bewusster werden, dass wir unsere Realität durch unsere Gedanken und Emotionen gestalten. Für jeden Einzelnen von uns wird es immer leichter, diese Schöpferkraft bewusst anzunehmen.

Das 21. Jahrhundert wird weder den Weltuntergang noch die totale Zerstörung unserer Wirtschaft und Gesellschaft bringen, aber auch keinen kollektiven Aufstieg in höhere Dimensionen oder eine Massenevakuierung durch Raumschiffe. Der Traum der Dualität geht vorerst weiter. Er wird allerdings klarer definiert sein. Auf der einen Seite intensiviert sich der Ego-Traum. Es gibt noch mehr Arme und extrem Reiche, mehr Kriege und Krankheiten, komplexere Technologien. Alles wird noch viel schneller und hektischer. Auf der anderen Seite bringt die neue Entwicklung immer mehr Menschen dazu, nach innen zu gehen und aus dem kollektiven Traum von Trennung auszusteigen.

Es werden immer mehr Hilfsmittel zugänglich, die uns bei diesem Prozess des Erwachens helfen. Damit meine ich nicht nur Seminare, Bücher, Heiler und dergleichen, sondern auch ganz praktische Alltagsdinge in unserem Leben, wie zum Beispiel die Erschaffung neuer Lebensformen (mehr Informationen dazu bietet das Village-Town-Projekt, bei dem ich mit meiner Familie aktiv mitwirke: *www.villageforum.com*).

## Umgang mit dem Christus-Gitternetz

Mithilfe der Zwei-Punkt-Methode können wir uns mit dem Christus-Gitternetz verbinden und jene Energien in unser System herunterladen, die uns bei unserem aktuellen Entwicklungsschritt behilflich sind. Dies geht ganz einfach, so wie jede andere Integrationsarbeit auch. Wir setzen innerlich die Intention: „Alle hilfreichen Ressourcen aus dem Christus-Gitternetz integrieren." Dann finden wir in unserem Energiefeld den korrespondierenden Integrationspunkt. Das geschieht entweder mithilfe unserer Hände oder rein im Bewusstsein. Wir nehmen die Welle wahr, lassen sie auslaufen und erlauben uns, die Energien ganz bewusst zu spüren und vollkommen zu integrieren. Dies können wir sehr gut in unsere Alltagsroutine am Morgen einbauen, so profitieren wir den ganzen Tag über von diesen Energien und Informationen.

Nun haben wir die vier Ebenen unseres Energiehaushaltes kurz beleuchtet. Es liegt nun an Ihnen festzustellen, wo Ihre Stärken und Schwächen sind und was Sie zum Ausgleich Ihrer Schwachstellen unternehmen möchten. Ich empfehle Ihnen zuerst einmal eine objektive Bestandsaufnahme. Dann lesen Sie Teil 4, der das Rüstzeug dafür bereithält, wie Sie Ihren Energiehaushalt durch gezielte Projekte auf das höchstmögliche Niveau bringen.

# Praktische Beispiele

Folgende Beispiele aus meiner persönlichen Erfahrung und denen meiner Seminarteilnehmer vermitteln Ihnen einen Eindruck, was alles möglich ist. Jedes Gebiet kann mit der Zwei-Punkt-Methode bearbeitet werden. Manche Dinge lösen sich erstaunlich schnell auf. Doch es muss nicht immer über Nacht gehen, denn alles braucht seine Zeit. Es ist auch sehr beglückend, wenn ein Mensch eine schwere Krankheit erst nach Wochen oder Monaten überwindet oder sein Leben von Grund auf neu gestaltet.

Ein paar Fallbeispiele aus meinem Leben zeigen, wie ich mit der Zwei-Punkt-Methode vorgehe.

## Grundthemen bearbeiten

Wie bereits beschrieben, ist die Arbeit mit den Grundthemen „Trennung", „Schuld", „Angst" und „Aggression" ein großes und wichtiges Kapitel im Wirken mit QCT. Deshalb achte ich in meinem Leben auf alles, was passiert. Ich habe die Offenheit, mir alles genau anzuschauen, um zu verstehen, was gerade geschieht. Ich versuche nicht krampfhaft, jede Situation zu analysieren, aber ich nehme bewusst eine innere fragende Haltung ein: „Um was geht es hier wirklich?" Dadurch kommen in der Regel auch recht schnell Erkenntnisse und ein tieferes Verständnis der Situation. Dann verwende ich das als Ausgangsbasis für meine Transformationsarbeit.

Nehmen wir als Beispiel eine ganz alltägliche Situation. Wenn ich in mir eine gewisse Gereiztheit feststelle, halte ich inne und nehme wahr, woher sie stammt. Dabei entdecke ich vielleicht ein Gefühl der Sorge über die Zukunft meiner Kinder. Wenn ich dieser Spur weiter folge, stoße ich auf ein subtiles Schuldgefühl, ich sei als Vater nicht gut genug gewesen, als die Kinder noch klein waren. Wenn mir das klar wird – oftmals erfolgt diese Bewusstwerdung binnen weniger Sekunden –, dann nehme ich das ganze Paket subtiler Schuld, Angst und Aggression, das auf der Annahme von Trennung beruht, und mache eine Zwei-Punkt-Behandlung. Ich lebe also meine Gereiztheit nicht einfach aus, ignoriere sie aber auch nicht, vielmehr nutze ich die Gelegenheit, um die blockierte Energie wieder zum Fließen zu bringen. Ich nehme mir die Zeit, die Welle und die freigewordene Energie ganz bewusst zu spüren und in mein System aufzunehmen.

Ich habe damit eine ganz alltägliche und undramatische Situation genutzt, die vielleicht mehrmals am Tag eintritt, um ein Stückchen freier zu werden. Mein Tag wird sich nach dieser Weichenstellung anders entwickeln. Vor zwei Minuten fühlte ich mich noch gereizt. Wäre in diesem Moment eine meiner Töchter mit einer nervigen Angelegenheit an mich herangetreten, hätte ich wahrscheinlich negativ reagiert. Nachdem ich aber die Aggression transformiert habe, die sich als leichte Gereiztheit gezeigt hat, bin ich in meiner Mitte. Im Außen zeigt sich das dann so, dass meine Töchter gar nicht kommen. Und falls sie kommen, fällt meine Reaktion entsprechend gelassen aus.

Es sind diese ganz banalen Alltagssituationen, die in der Summe den Unterschied zwischen einem guten und einem schlechten Tag ausmachen. Es geht um diese Weichenstellungen, die wir immer und immer wieder vornehmen. Entweder bleiben wir in den Fängen des Ego und gehen tiefer in die Illusion oder wir stellen die Weiche um und erhöhen zunehmend unsere Frequenz.

## Eine kleine wundersame Geschichte

Wunder können in unserem Leben jeden Augenblick geschehen, wenn wir offen dafür sind. Als ich meine letzte

Seminarreihe in Europa abhielt, erwies sich der Seminarraum in München als zu klein. Es war notwendig, auf die Schnelle einen größeren Raum zu finden. Es freute mich zwar, dass das Seminar so gefragt war, aber die zusätzliche Organisationsarbeit belastete mich. In der Vergangenheit hatte sich die Suche nach geeigneten Räumen immer als sehr zeitaufwendig erwiesen, verbunden mit viel Recherchen und Anfragen. Diese Detailarbeit kann leicht mehrere Stunden in Anspruch nehmen, die ich zu dem Zeitpunkt nicht wirklich erübrigen konnte, da viele andere Dinge meine Aufmerksamkeit beanspruchten.

Ich wollte mich gerade an die Arbeit machen, als mir der innere Widerwillen richtig bewusst wurde. Ich beschloss darum, zuerst einmal an mir zu arbeiten, bevor ich auf dieser Wellenlänge mit der Raumsuche fortfuhr. Ich löste also zunächst meinen inneren Widerstand gegen die bevorstehende Arbeit und meine vorgefasste Erwartungshaltung zum Thema Zeitbedarf auf. Dann verband ich mich durch die Zwei-Punkt-Methode mit der Realität, in der ich den idealen Raum ganz einfach gefunden hatte. Danach fühlte ich mich ruhig und hatte den Impuls, vor der Lösung der Raumfrage zuerst ein paar andere Dinge zu erledigen. Als ich an meinen Computer zurückkehrte, entdeckte ich eine E-Mail einer früheren Teilnehmerin, die mir drei Seminarräume im Raum München empfahl.

Ich gebe zu, dass es durchaus möglich ist, dass diese E-Mail auch ohne meine Behandlung mit der Zwei-Punkt-Methode eingetroffen wäre, aber dann hätte ich zu dem Zeitpunkt, als die E-Mail eintraf, bereits zwei Stunden im Internet gesucht. Denn erst nach meiner Eigenbehandlung fasste ich den Entschluss, nicht sofort mit der Raumsuche zu beginnen. Außerdem weiß ich, dass mein großer innerer Widerstand eine andere Zeitlinie hätte verursachen können, auf der die Teilnehmerin die E-Mail erst viel später losschickt oder die E-Mail im Cyberspace

verloren gegangen wäre. Dies hätte im Außen meine Ausstrahlung von „Diese Arbeit ist mühselig" bestätigt.

Aber zurück zur E-Mail. Ich schaute mir die drei Links
an. Ein Raum war zu klein, den Anbietern der anderen
beiden Räume schickte ich eine kurze Nachricht mit meinem Anliegen. Dann erhielt ich einen unerwarteten Anruf
und kümmerte mich um einige andere Dinge. Aus diesen
Gründen kam ich erst eine Stunde später auf die Raumsuche zurück. Gerade zu diesem Zeitpunkt erhielt ich eine
E-Mail von einem der Vermieter, der mir mitteilte, dass an
diesem Morgen das von mir gewünschte Wochenende frei
sei, da ein anderer Interessent storniert habe. Ich könnte
darum den Raum bekommen. Er erwies sich nicht nur als
der größte und schönste Seminarraum meiner ganzen
Tour, sondern auch als der günstigste. Die Lösung der
Raumfrage benötigte einen Zeitaufwand von rund 20 Minuten. Das Lustigste an der Begebenheit war der Name
der für diese Raumvermietung zuständigen Sachbearbei-
terin: Frau Wunder.

## Umgang mit Transformationsprozessen

Es ist hilfreich, mehr über Transformationsprozesse im
Allgemeinen zu verstehen und diese zu akzeptieren. Dann
können wir besser damit umgehen. Wenn wir ein Thema
wählen und dafür die Zwei-Punkt-Methode anwenden, beginnt ein Transformationsprozess. Wir wissen nicht, wie
komplex das Thema ist und welche Schichten unseres
Wesens noch bereit sein müssen, damit wir dieses Thema
vollständig auflösen können. Ich möchte verdeutlichen,
dass die Bereitschaft nicht nur auf der bewussten mentalen Ebene vorhanden sein muss, sondern auch auf tiefer sitzenden, unbewussten Ebenen.

Wenn wir uns an das Beispiel von der Person mit dem
verstauchten Knöchel erinnern, reicht es nicht, dass die

Person schmerzfrei sein will. Ihr unbewusster Teil, der die Aufmerksamkeit genießt und aus diesem Liebesmangel heraus den Unfall erschaffen hat, muss auch zustimmen. Es sind diese unbewussten Programmierungen, die in der Regel Zeit brauchen. Der ganze Prozess vollzieht sich immer im Einklang mit unserem Seelenlebensplan. Diesen kennen wir aber meistens nicht, ebenso sind die Details für unsere Persönlichkeitsebene oft schwer nachvollziehbar.

Es kann zum Beispiel die Aufgabe eines Menschen sein, zu einem späteren Zeitpunkt seines Lebens als Heiler oder Lebensberater anderen Menschen zu helfen. Damit er diese Aufgabe wirklich erfüllen kann, muss er die Prozesse und Schwierigkeiten verstehen, durch die Menschen gehen. Darum wird dieser Mensch zuerst einmal selbst mit Krankheiten und Problemen konfrontiert. Er lernt sich davon zu befreien, bevor er anderen helfen kann. In diesem Fall wäre dieser Person nicht damit geholfen, die Krankheit über Nacht aufzulösen. Im Falle einer sofortigen Heilung fehlten die nötigen Erfahrungen und das daraus resultierende Mitgefühl, das für das spätere Wirken als guter, einfühlsamer Heiler wichtig ist.

Da wir als Anwender keinen Einblick in den Lebensplan der empfangenden Person und die Komplexität des Themas haben, empfehle ich eine neutrale Haltung dem Ablauf gegenüber. Wir wenden einfach die Zwei-Punkt-Methode an. Wir machen dies immer und immer wieder und lösen dabei Schicht um Schicht, ganz gleich, ob wir das Ergebnis sofort wahrnehmen können oder nicht. Wir erwarten keine Erfolge innerhalb einer bestimmten Zeit oder dass etwas auf eine bestimmte Art und Weise geschieht. Wir sind einfach nur zu Diensten und lassen geschehen, was geschehen will. Wenn wir unser Ego auf diese Weise ruhigstellen, dem Prozess vertrauen und ihn einfach laufen lassen, kann sehr viel geschehen. Manchmal erleben wir auch wundersame Spontantransformationen.

## Probleme bei der Umsetzung

Die gleiche Vorgehensweise wie eben beschrieben gilt auch für den Umgang mit schwierigen oder zähen Prozessen. Scheint sich nach einer Zwei-Punkt-Anwendung nichts zu tun, geht es meistens zunächst nur darum, tiefer liegende Schichten zu lösen. Erst dann können wir das Ursächliche etwas klarer sehen. Der Schmerz oder das Problem, das wir lösen wollen, bleibt als eine Art Motivationsfaktor bestehen, damit wir weiter am Thema arbeiten.

Ein zäher Prozess kann aber auch eine gute Gelegenheit für den Anwender sein, klarer im Bewusstsein zu werden und dadurch mehr zu transformieren. Die Effektivität einer Behandlung hängt zum einen von der Empfänglichkeit des Empfängers und zum anderen von der Fähigkeit des Behandlers ab, das Thema in seinem Bewusstsein zu erfassen. Da wir unsere Realität durch Resonanz erschaffen, ziehen wir in der Regel Menschen an, denen wir mit unseren Fähigkeiten helfen können.

Manchmal holen wir uns besonders herausfordernde Klienten in unser Leben, die uns an unsere Grenzen bringen. Dies geschieht, damit wir schneller wachsen. Wenn wir eine Zwei-Punkt-Anwendung machen und innerlich fühlen, dass wir das Thema nicht voll erfassen können oder keinen Lösungspunkt finden oder der Empfänger zwar eine Welle, aber keine Veränderung spürt, dann gehen wir noch tiefer in unser Herz und verbinden uns mit unserem Höheren Selbst. Dabei bitten wir, innerlich so groß zu werden, dass wir dieses Thema erfassen und lösen können. Dann geben wir uns genügend Zeit, um wirklich zu fühlen, wie wir innerlich wachsen und das ganze Thema erfassen oder erfühlen. Erst dann lassen wir uns zum Lösungspunkt führen.

## Beispiele von Seminarteilnehmern

Eine Katze verletzte ein Mädchen am Arm. Der Kratzer entzündete sich und verheilte nur langsam. Die Behandlung mit unterschiedlichen Medikamenten zeigte keine Wirkung. Die Anwendung von QCT mehrmals am Tag brachte innerhalb kürzester Zeit eine Ausheilung der hartnäckigen Wunde.

Eine Seminarteilnehmerin lernte QCT im Sommer 2010 kennen und begann es regelmäßig auf ihren Gehirntumor anzuwenden, der nicht operiert werden konnte und beständig wuchs. Die mit dem Tumor verbundenen starken Schmerzen und eine eingeschränkte Sicht beeinträchtigten ihre Lebensqualität. Die Ärzte hatten sie schon aufgegeben und rechneten jederzeit mit ihrem Tod. Diese Frau konnte ihre Lebensqualität mit QCT augenblicklich steigern. Sie löste nicht nur sofort die Schmerzen auf und verbesserte ihre Sicht, sondern sie schöpfte wieder Hoffnung. Im Laufe von nur zehn Monaten konsequenter und häufiger Anwendung der Zwei-Punkt-Methode reduzierte sich der Tumor zunehmend. Schließlich konnten die Ärzte keinen Tumor mehr diagnostizieren.

Eine 50-jährige Hausfrau stand nach der Scheidung vor dem Nichts. Sie wünschte sich eine umfassende Neuorientierung und eine gesicherte Existenz. Mit der Zwei-Punkt-Methode behandelte sie die vier Grundthemen Trennung, Angst, Schuld und Aggression. Danach kamen die Themen Lebensbestimmung, Berufung und Beruf an die Reihe. Nach nur wenigen Behandlungen kehrten ihre Lebensfreude und ihr Ideenreichtum zurück. Mit neuem Mut erkannte sie ihre Lebensaufgabe und begann voll Elan mit der Projektplanung. Innerhalb weniger Wochen wagte sie eine Existenzgründung mit einem kleinen

Laden. Dort bietet sie jetzt biologische Produkte an und begeistert ihre Kunden für eine gesunde und natürliche Lebensweise.

Blasenkrebs – diese Diagnose traf einen Rentner wie ein Donnerschlag. Angst und Depressionen belasteten den Mann so stark, dass er seinen Lebensmut völlig verloren hatte. Behandlungen mit der Zwei-Punkt-Methode stabilisierten seinen Zustand, sodass er der Operation ganz gefasst entgegensah. Er überstand den Eingriff bestens und erholte sich in Rekordzeit. Heute geht er wieder wandern, auf Reisen und ist lebensfroh.

Ein eigenes Wellness-Institut – diesen Traum erfüllte sich eine junge Kosmetikerin zu ihrem 35. Geburtstag. Mit viel Herz und Liebe zum Detail richtete sie die Geschäftsräume ein. Alles sah einladend aus. Voller Hoffnung startete die Frau in die Eröffnungsphase. Die Kunden blieben jedoch aus, die Bank drohte mit Kündigung des Kredits. In dieser Lage setzte die verzweifelte Frau QCT ein und wandte die Zwei-Punkt-Methode regelmäßig an. Innerhalb kürzester Zeit nahm der Kundenstrom zu. Heute ist das Institut bestens etabliert und erweist sich als kleine Goldgrube.

Zwei Arbeitsstellen, zweimal traumatische Erfahrungen als Mobbingopfer. Diese Erfahrungen machte eine Krankenschwester im mittleren Alter in zwei verschiedenen Kliniken. Die Folge: Burn-out und monatelange Krankschreibung. Die Angst vor erneutem Mobbing an einem neuen Arbeitsplatz führte zu massiven Panikattacken. In ihrer Verzweiflung wandte sich die Krankenschwester an eine Freundin und schüttete ihr Herz aus. Die Freundin hatte gerade das QCT-Buch gelesen und bot der Krankenschwester Behandlungen mit der Zwei-Punkt-Methode

an. Nach drei Anwendungen verringerten sich die Angst-
zustände und ihr Mut stieg. Die Krankenschwester verspürte bald neue Tatkraft und schaute sich nach einer
geeigneten Stelle um. In einer Privatpraxis im Kreis netter
Kollegen fand sie einen geeigneten Wirkungskreis, an dem
sie sich nun entfalten kann.

Eine junge Erzieherin mit Gewichtsproblemen wandte
über einen Zeitraum von mehreren Wochen mehrfach täglich die Behandlung mit der Zwei-Punkt-Methode an.
Dabei behandelte sie insbesondere die Themen Essverhal-
ten und sportliche Aktivität. Zunehmend verloren Kühl-
schrank und Couch ihre Anziehungskraft. Ganz mühelos
stellte die Erzieherin ihre Ernährung um und zog Obst,
Salat und Gemüse Pommes frites und Schokolade vor.
Gleichzeitig entdeckte sie ihre Freude an Walking und Pi-
lates. Der Blick auf die Waage und die kleineren Klei-
dungsgrößen erfüllen die Erzieherin mit Freude und Stolz.

Ein Auszubildender litt unter seiner großen Schüchtern-
heit. Sein Wunsch: eine nette Clique zum Ausgehen und
für den Sport. Alleine traute er sich nicht unter Menschen. Mehrere Behandlungen mit der Zwei-Punkt-
Methode stärkten den Lehrling so sehr, dass er sich sicher
genug fühlte, ein Fest zu besuchen. Fleißig setzte er die
Zwei-Punkt-Behandlungen fort. Inzwischen hat er einen
netten Freundeskreis und gilt sogar als Schwarm der jun-
gen Mädchen in seinem Ort.

Eine Schülerin mit massiven Konzentrations- und Lern-
störungen stand vor ihrer Abschlussprüfung. Das Aufpas-
sen im Unterricht und die gezielte Vorbereitung auf die
Klausuren fielen ihr schwer. Die verzweifelte Mutter be-
fürchtete, dass ihre Tochter mit einem schlechten Zeugnis
oder gar ohne Abschluss keine Chance auf einen Ausbil-

dungsplatz hätte. Da hörte sie von QCT und sorgte dafür, dass das Mädchen mit der Zwei-Punkt-Methode behandelt wurde. Dabei standen besonders die Themen Konzentration, Motivation, Beseitigung von Hindernissen und begrenzenden Glaubenssätzen sowie die optimale Prüfungsvorbereitung im Mittelpunkt der QCT-Arbeit. Das Angestrebte trat ein: Das Mädchen setzte sich auf den Hosenboden, widmete sich den Lehrbüchern und meisterte die Abschlussprüfung.

Eine Hochschulprofessorin erlitt nach einer massiven Konfrontation mit einem Vorgesetzten eine Angstattacke mit Nervenzusammenbruch. Als Folge stellten sich Versagensängste und Sprechblockaden ein. Die Fortsetzung der Vorlesungen und damit die Hochschulkarriere schienen gefährdet. Die intensive Behandlung mit QCT und der Zwei-Punkt-Methode stabilisierten die Dozentin innerhalb kürzester Zeit, sodass sie ihre Studenten wieder unterrichten konnte. Als erleichternd erlebte sie, dass sich das nicht einfache Verhältnis zu ihrem Chef entspannte.

# Integrationsprogramm für Fortgeschrittene

In meinem ersten QCT-Buch wurde das grundlegende Integrationsprogramm vorgestellt. Nun empfehle ich, dass Sie dies als tägliche Routine in leicht abgewandelter Form grundsätzlich weiterführen. Als QCT-Quereinsteiger können Sie auch gleich auf dieser Ebene loslegen. Nachfolgend der für das fortgeschrittene Niveau angepasste Ablauf für ein einwöchiges Programm. Die Vorlagen können Sie aus diesem Buch kopieren und jeden Tag ausfüllen. Führen Sie es wenigstens eine Woche lang aus – oder besser so lange, bis der Ablauf zu einem natürlichen Teil Ihres Alltags geworden ist.

## Der Ablauf, allgemein erklärt

Am Morgen stellen Sie zuerst einmal die Weichen für einen freudvollen und erfolgreichen Tag. Nutzen Sie meine QCT-CD. Dies machen Sie entweder, solange Sie noch im Bett sind, oder nach dem Duschen. Setzen Sie Kopfhörer auf und hören Sie meine Alphameditation. Wenn Sie bereits geübt sind, durch die Codewörter in den Alpha-, Theta- und dann in den Delta-Zustand zu gehen, nehmen Sie das Instrumentalstück der CD und gehen direkt auf die Delta-Ebene.

Sollten Sie keine meiner Meditations-CDs besitzen, nehmen Sie eine andere beruhigende Musik und entspannen Sie, so tief es Ihnen möglich ist. In diesem Zustand tiefer Entspannung wählen Sie einen anderen Seinszustand. Sagen Sie sich innerlich: „Ich bin reiner Geist" (oder wählen Sie die Formulierung, die für Sie am besten passt: „Ich bin Gott", „Spirit", „Buddha", „Geist" ...), dann nehmen Sie dieses Wissen im Herzen wahr. Sie gehen erst dann dazu über, aktiv Ihre Realität zu gestalten, wenn Sie diese deutliche Wahrnehmung im Herzen haben. Sie kann sich als Gefühl zeigen, als Wärme im Brustkorb, als große innere Weite oder als ein Gefühl von Liebe, Verbundenheit, Freude, Frieden et cetera.

Transformieren Sie alles, was der größtmöglichen Potenzialentfaltung für diesen Tag im Weg steht. Dann integrieren Sie alle Ressourcen für das größtmögliche Potenzial. Schließlich verbinden Sie sich mit dem idealen zukünftigen Selbst, das das größtmögliche Potenzial dieses Tages gelebt hat. Wenn Sie gerade Probleme haben (Geld- oder Beziehungsthemen) oder an einem Projekt arbeiten, dann bearbeiten Sie das, was Ihnen diesbezüglich bewusst ist. Dann erinnern Sie sich an den Leitsatz des Tages, den Sie vor der Meditation gelesen haben. Dieser Satz dient der Kontemplation, lassen Sie ihn einsinken, erlauben Sie sich, darüber klar zu werden, was dieser Satz für Sie an diesem Tag bedeutet. Gönnen Sie sich einige Minuten der Stille. Die gewonnenen Einsichten können Sie anschließend in Ihrem Tagebuch notieren. Mit dieser grundlegenden Weichenstellung gehen Sie in den Tag.

Während des Tages erinnern Sie sich so oft wie möglich an ihre neue Einstellung, die Sie gegenüber Problemen und Personen einnehmen. Sie erinnern sich daran, dass diese Menschen in Wahrheit Teile von Ihnen sind, die geheilt werden wollen. Die sogenannten äußeren Situationen sind in Wahrheit Ihr Film. Sie verstärken diese neue Sichtweise zunehmend, indem Sie sich so oft wie möglich daran erinnern, dass Sie reiner Geist sind und dies auch im Herzen fühlen.

Sie beherrschen jetzt die Zwei-Punkt-Methode ohne Hilfe der Hände. Machen Sie so viel wie möglich Gebrauch davon. Gehen Sie so vor, dass Sie Ihre negativen Gedanken oder Emotionen immer sofort auflösen, sobald sie

Ihnen bewusst werden. Wenn Sie auf schwierige Menschen oder Situationen treffen, lösen Sie die blockierte Energie, die dem Ganzen zugrunde liegt, auf – und zwar so schnell wie möglich.

Am Abend lassen Sie kurz vor dem Einschlafen den Tag noch einmal Revue passieren und transformieren nachträglich alles, was Sie vielleicht während des Tages übersehen haben. Sie erkennen Ihre Erfolge an und sind dankbar für alle positiven Ereignisse und Ihre Fortschritte. Mit dieser Dankbarkeit im Herzen gehen Sie zu Bett.

## Montag

### Leitgedanke des Tages:

# *Diese Welt findet in meinem Geist statt.*

Erläuterung:

Da die Trennung nie stattgefunden hat, ist jede Wahrnehmung einer von mir getrennten Welt voller Gegensätze eine Illusion. Was ich im scheinbar Äußeren wahrnehme, ist nur die Projektion meiner unbewussten Glaubenssätze. Somit findet diese Welt nicht „dort draußen" statt, sondern in meinem Geist.

Frage:

Was würde mich dabei unterstützen, diese Trennung in meinem Geist zu heilen?

Legen Sie die Meditations-CD ein, fühlen Sie den reinen Geist im Herzen, sehen Sie den idealen Tag voraus, transformieren Sie alle noch vorhandenen Blockaden und integrieren Sie das ideale Ergebnis, nutzen Sie den obigen Leitsatz zur Kontemplation und zur Auseinandersetzung mit der Frage. Nach der Meditation notieren Sie die Antwort oder sonstige Ideen und Empfindungen.

Antwort:

## Tagsüber:

Fühlen Sie so oft wie möglich im Herzen, dass Sie reiner Geist sind, und erinnern Sie sich immer wieder an den Leitsatz. Lösen Sie bewusst und so oft wie nötig alle akuten Emotionen, begrenzenden Gedanken und negativen Situationen auf.

## Abends:

Tagesauswertung – lassen Sie den Tag Revue passieren, lösen Sie nachträglich alle blockierten Energien des Tages auf und notieren Sie Höhepunkte und Erfolge.

## Tageseindrücke:

## Dienstag

Leitgedanke des Tages:

# *Mit jedem Urteil verletze ich mich selbst.*

Erläuterung:

Urteilen ist eines der grundlegendsten Programme des Ego, denn es ist ein einfacher und zugleich effektiver Mechanismus, um uns im Bewusstsein der Trennung zu halten. Jedes Mal, wenn ich etwas beurteile (ganz gleich, ob positiv oder negativ), distanziere ich mich vom beurteilten Objekt und bestätige mir selbst die scheinbare Realität von Trennung. Dadurch schade ich mir selbst, da ich mir die Liebe verweigere, die ich bin. Jedes Mal, wenn ich bewusst nicht urteile und dafür annehme, was ist, beschenke ich mich mit dem Glück der bedingungslosen Liebe.

Frage:

Was wäre, wenn ich diese Situation neutral betrachten könnte?

Legen Sie die Meditations-CD ein, fühlen Sie den reinen Geist im Herzen, sehen Sie den idealen Tag voraus, transformieren Sie alle noch vorhandenen Blockaden und integrieren Sie das ideale Ergebnis, nutzen Sie den obigen Leitsatz zur Kontemplation und zur Auseinandersetzung mit der Frage. Nach der Meditation notieren Sie die Antwort oder sonstige Ideen und Empfindungen.

Antwort:

Tagsüber:
Fühlen Sie so oft wie möglich im Herzen, dass Sie reiner Geist sind, und erinnern Sie sich immer wieder an den Leitsatz. Lösen Sie bewusst und so oft wie nötig alle akuten Emotionen, begrenzenden Gedanken und negativen Situationen auf.

Abends:
Tagesauswertung – lassen Sie den Tag Revue passieren, lösen Sie nachträglich alle blockierten Energien des Tages auf und notieren Sie Höhepunkte und Erfolge.

Tageseindrücke:

## Leitgedanke des Tages:

# *Alles, was mich stört, ist eine Gelegenheit zur Befreiung.*

Erläuterung:

Jede Situation, die mich in irgendeiner Weise stört, irritiert, ärgert oder irgendwie reagieren lässt, weist darauf hin, dass ich an die Illusion von Trennung glaube. Wenn ich in diesem Augenblick innehalte und bewusst die Wahl treffe, diese blockierte Energie aufzulösen, gewinne ich ein Stück innerer Freiheit. Wenn ich es nicht tue, bleibe ich der Ego-Illusion verhaftet und bin ein Gefangener meiner eigenen Projektionen.

Frage:

Wie würde ein Jesus Christus mit dieser Situation umgehen?

Legen Sie die Meditations-CD ein, fühlen Sie den reinen Geist im Herzen, sehen Sie den idealen Tag voraus, transformieren Sie alle noch vorhandenen Blockaden und integrieren Sie das ideale Ergebnis, nutzen Sie den obigen Leitsatz zur Kontemplation und zur Auseinandersetzung mit der Frage. Nach der Meditation notieren Sie die Antwort oder sonstige Ideen und Empfindungen.

Antwort:

## Tagsüber:

Fühlen Sie so oft wie möglich im Herzen, dass Sie reiner Geist sind, und erinnern Sie sich immer wieder an den Leitsatz. Lösen Sie bewusst und so oft wie nötig alle akuten Emotionen, begrenzenden Gedanken und negativen Situationen auf.

## Abends:

Tagesauswertung – lassen Sie den Tag Revue passieren, lösen Sie nachträglich alle blockierten Energien des Tages auf und notieren Sie Höhepunkte und Erfolge.

## Tageseindrücke:

---

**Donnerstag**

---

## Leitgedanke des Tages:

## *Ich bin schon jetzt frei.*

Erläuterung:

Da Zeit eine Illusion ist und da Trennung nie wirklich stattgefunden hat, bin ich längst frei. Hier und jetzt ist alles vollkommen, ganz gleich, ob die Umstände im Außen mir dies bestätigen oder nicht. Will mir das Ego anhand von äußeren Einschränkungen beweisen, dass ich nicht frei bin, entscheide ich mich dafür, ihm keine Bedeutung beizumessen. Ich erkenne sie stattdessen als gute Gelegenheit, mich von diesen Illusionen zu befreien.

Frage:

Wie würde ich diesen Tag gestalten, wenn ich es tatsächlich glauben könnte, dass ich frei bin?

Legen Sie die Meditations-CD ein, fühlen Sie den reinen Geist im Herzen, sehen Sie den idealen Tag voraus, transformieren Sie alle noch vorhandenen Blockaden und integrieren Sie das ideale Ergebnis, nutzen Sie den obigen Leitsatz zur Kontemplation und zur Auseinandersetzung mit der Frage. Nach der Meditation notieren Sie die Antwort oder sonstige Ideen und Empfindungen.

Antwort:

## Tagsüber:

Fühlen Sie so oft wie möglich im Herzen, dass Sie reiner Geist sind, und erinnern Sie sich immer wieder an den Leitsatz. Lösen Sie bewusst und so oft wie nötig alle akuten Emotionen, begrenzenden Gedanken und negativen Situationen auf.

## Abends:

Tagesauswertung – lassen Sie den Tag Revue passieren, lösen Sie nachträglich alle blockierten Energien des Tages auf und notieren Sie Höhepunkte und Erfolge.

## Tageseindrücke:

## Leitgedanke des Tages:

# *Ich befreie meinen Geist und damit die Welt.*

**Erläuterung:**
Indem ich meinen Geist von der Identifikation mit der Illusion befreie, befreie ich die ganze Welt. Denn die Welt ist das Ergebnis meiner unbewussten Projektionen. Wenn ich das hundertprozentig annehme, übernehme ich die volle Verantwortung für meine Schöpfung und nehme gleichzeitig meine Schöpferkraft wieder an.

**Frage:**
Wie würde ich meine Welt beschreiben, wenn mein Geist frei wäre?

Legen Sie die Meditations-CD ein, fühlen Sie den reinen Geist im Herzen, sehen Sie den idealen Tag voraus, transformieren Sie alle noch vorhandenen Blockaden und integrieren Sie das ideale Ergebnis, nutzen Sie den obigen Leitsatz zur Kontemplation und zur Auseinandersetzung mit der Frage. Nach der Meditation notieren Sie die Antwort oder sonstige Ideen und Empfindungen.

**Antwort:**

## Tagsüber:

Fühlen Sie so oft wie möglich im Herzen, dass Sie reiner Geist sind, und erinnern Sie sich immer wieder an den Leitsatz. Lösen Sie bewusst und so oft wie nötig alle akuten Emotionen, begrenzenden Gedanken und negativen Situationen auf.

## Abends:

Tagesauswertung – lassen Sie den Tag Revue passieren, lösen Sie nachträglich alle blockierten Energien des Tages auf und notieren Sie Höhepunkte und Erfolge.

## Tageseindrücke:

## Samstag

Leitgedanke des Tages:

# *Liebe ist in allem, was ich sehe, weil sie in meinem Geist ist.*

Erläuterung:

Heute erinnere ich mich so oft wie irgend möglich daran, dass alles, was ich im Außen zu sehen glaube, in Wahrheit in meinem Geiste stattfindet. Ich erinnere mich auch daran, dass die Liebe in meinem Geist ist. Somit steckt hinter allem „dort draußen" die Liebe.

Frage:

Was würde mich unterstützen, die Liebe in allem zu sehen?

Legen Sie die Meditations-CD ein, fühlen Sie den reinen Geist im Herzen, sehen Sie den idealen Tag voraus, transformieren Sie alle noch vorhandenen Blockaden und integrieren Sie das ideale Ergebnis, nutzen Sie den obigen Leitsatz zur Kontemplation und zur Auseinandersetzung mit der Frage. Nach der Meditation notieren Sie die Antwort oder sonstige Ideen und Empfindungen.

Antwort:

## Tagsüber:

Fühlen Sie so oft wie möglich im Herzen, dass Sie reiner Geist sind, und erinnern Sie sich immer wieder an den Leitsatz. Lösen Sie bewusst und so oft wie nötig alle akuten Emotionen, begrenzenden Gedanken und negativen Situationen auf.

## Abends:

Tagesauswertung – lassen Sie den Tag Revue passieren, lösen Sie nachträglich alle blockierten Energien des Tages auf und notieren Sie Höhepunkte und Erfolge.

## Tageseindrücke:

## Sonntag

## Leitgedanke des Tages:

# *Ich bin Liebe.*

Erläuterung:
Es gibt nur ein Sein und das ist Liebe. Ich bin Teil dieses Seins und somit auch der Liebe. Das ist alles, was echt ist, alles andere muss eine Illusion sein. Ich erinnere mich ständig daran: Ich bin Liebe.

Frage:
Was hält mich davon ab, die Liebe, die ich bin, zu fühlen und zu leben?

Legen Sie die Meditations-CD ein, fühlen Sie den reinen Geist im Herzen, sehen Sie den idealen Tag voraus, transformieren Sie alle noch vorhandenen Blockaden und integrieren Sie das ideale Ergebnis, nutzen Sie den obigen Leitsatz zur Kontemplation und zur Auseinandersetzung mit der Frage. Nach der Meditation notieren Sie die Antwort oder sonstige Ideen und Empfindungen.

Antwort:

**Tagsüber:**
Fühlen Sie so oft wie möglich im Herzen, dass Sie reiner Geist sind, und erinnern Sie sich immer wieder an den Leitsatz. Lösen Sie bewusst und so oft wie nötig alle akuten Emotionen, begrenzenden Gedanken und negativen Situationen auf.

**Abends:**
Tagesauswertung – lassen Sie den Tag Revue passieren, lösen Sie nachträglich alle blockierten Energien des Tages auf und notieren Sie Höhepunkte und Erfolge.

**Tageseindrücke:**

## Die nächste Ebene

Willkommen auf der nächsten Bewusstseinsebene!
Wenn Sie dieses einwöchige Programm konsequent durchgehalten und gerade eben beendet haben, sind Sie jetzt mindestens einen Schritt weiter auf Ihrem Weg.

Ich gratuliere Ihnen. Sie gehören damit zu den Wegbereitern, den Menschen, denen ihre persönliche Entwicklung wichtiger ist als die Ziele ihres Ego und die bereit sind, dafür auch wirklich an sich zu arbeiten.

Nur weiter so, denn von nun an wird es immer leichter, schneller und freudvoller! Machen Sie das, was Sie die letzten sieben Tage geübt haben, einfach weiter.

Steigen Sie in die darüber liegenden Bewusstseinsebenen noch einfacher auf und erleben Sie Beglückung, Frieden und Fülle, wie Sie es sich jetzt vielleicht noch gar nicht vorstellen können.

Alles ist möglich, denn es ist schon in Ihnen.
Gutes Gelingen und viel Freude auf Ihrem Weg.

Herzlichst
Ihr *Andrew Blake*

PS: Teilen Sie Ihre Erfahrungen mit anderen auf meiner Facebook-Seite und inspirieren Sie sich gegenseitig. Senden Sie einfach eine Freundschaftsanfrage an Andrew Blake bei Facebook.

# Fragen und Antworten aus der Praxis

Der folgende Auszug von Fragen und Antworten aus der Praxis wird hoffentlich auch alle Ihre noch offenen Fragen beantworten. Zusätzlich finden Sie die Fragen und Antworten aus meinem ersten QCT-Buch auf meiner Website (*www.qct-seminar.com*). Sollten Sie dennoch weitere Fragen haben, mailen Sie mir. Noch besser ist es, Sie stellen diese Frage auf Facebook an mich, dann haben viele Menschen etwas davon.

*Gibt es Menschen, die besonders begabt für QCT/die Zwei-Punkt-Methode sind?*

Man braucht keine besondere Begabung, um die Zwei-Punkt-Methode ausführen zu können. Je klarer der Anwender im Bewusstsein ist, desto kraftvoller wird die Wirkung sein. Das ist natürlich immer ein relativer Zustand. Mit jeder Zwei-Punkt-Anwendung löst nicht nur der Empfänger eine Blockade bei sich auf, auch der Anwender wird wieder ein wenig klarer und kraftvoller.

*Macht auch bei QCT regelmäßiges Üben den Meister?*

Anschließend an obige Frage: ja. Je öfter wir die Zwei-Punkt-Methode anwenden, desto effektiver werden wir mit der Zwei-Punkt-Methode.

*Muss man bei QCT etwas Besonderes in der Lebensführung beachten, zum Beispiel bezüglich der Ernährung?*

Wie im Kapitel „Unser Energiehaushalt" beschrieben, tragen diverse Aspekte zu unserem Energie- und damit Bewusstseinsniveau bei. Je höher unser Bewusstsein ist, desto kraftvoller wirkt unsere Arbeit mit der Zwei-Punkt-Methode.

*Gibt es Kontra-Indikationen für QCT/die Zwei-Punkt-Methode?*

Nein, da die Arbeit von der reinen Geistebene aus gesteuert wird, erlebt jeder Empfänger immer genau den Transformationsprozess, der für ihn stimmig ist.

*Ist QCT/die Zwei-Punkt-Methode verträglich mit allen Methoden der Schulmedizin und der Naturheilkunde?*

Ja, absolut. Die Zwei-Punkt-Methode kann wunderbar zur Ergänzung jeder gewählten Behandlung eingesetzt werden.

*Wie wirkt QCT, wenn man bereits eine spirituelle Praxis (Meditation, Reiki et cetera) ausübt?*

Da Energie und Bewusstsein gekoppelt sind und jede Anwendung der Zwei-Punkt-Methode auf irgendeiner Ebene blockierte Energie zum Fließen bringt, bewirkt sie gleichzeitig eine Erhöhung unseres Bewusstseins. Somit unterstützt QCT jede Form der spirituellen Praxis oder Energiearbeit, die wir bereits ausüben.

*Unterscheiden sich die Erfolge beziehungsweise das Ergebnis, je nachdem, ob wir QCT mit oder ohne Hilfe der Hände anwenden?*

Nein, nicht im Geringsten. Es kann nur sein, dass man am Anfang, wenn man die Zwei-Punkt-Methode ohne Einsatz der Hände übt, noch etwas unsicher ist und nicht immer den Lösungspunkt findet. Wenn wir keine Welle oder Reaktion beim Empfänger spüren, können wir immer wieder die Hände als Hilfsmittel heranziehen, bis wir in der neuen Form der Anwendung gefestigt sind.

*Gibt es Fälle, in denen QCT nicht wirkt?*

Ich glaube, dass es immer wirkt, selbst wenn wir die Wirkung nicht immer sofort sehen oder erkennen können. Viele Themen sind sehr komplex. In diesen Fällen müssen sich zuerst subtile Ebenen, Glaubensmuster, alte Traumata et cetera auflösen, bevor sich die offensichtliche Ebene verbessern kann. Manchmal werden auch einfach nur Samen im Bewusstsein gesät, die erst viel später aufgehen können. So gesehen ist eine Zwei-Punkt-Anwendung nie verschwendet, auch wenn wir ihre Früchte nicht gleich ernten können.

*Wie lange muss man QCT/die Zwei-Punkt-Methode anwenden, um ein Ergebnis zu erhalten?*

Das ist eine Fortsetzung meiner Antwort auf obige Frage. Unsere Themen sind oft sehr komplex und eingebettet in unseren Lernprozess, durch den wir in diesem Leben gehen. Deshalb kann man auf diese Frage keine einheitliche Antwort geben. Manchmal reicht eine Anwendung oder genügen einige wenige, um ein Thema, das zur Lösung bereit ist, tatsächlich aufzulösen. Ein anderes Thema kann sich über ein ganzes Jahr hinziehen.

*Darf QCT in der Schwangerschaft angewendet werden?*

Ja, ohne Bedenken.

*Kann man QCT auch in sogenannten hoffnungslosen Fällen anwenden?*

Ja, denn wir wissen nicht, was die Seele noch geplant hat. Vielleicht ist der Fall doch nicht hoffnungslos oder die Zwei-Punkt-Methode hilft bei einem friedvollen Übergang.

*Wie wirkt QCT bei Kindern?*

Prinzipiell genauso wie bei Erwachsenen, aber oft schneller und besser, da Kinder zumeist noch offener sind für schnelle Veränderungen.

*Können Kinder auch selbst QCT praktizieren?*

Ja, unser bislang jüngster Seminarteilnehmer war sechs Jahre alt. Kinder lernen die Methode in der Regel sehr schnell. Sie benötigen auch kein theoretisches Hintergrundwissen. Sie machen es einfach. Es ist für sie eine große Erleichterung, dass sie nun selbst mit ihren Problemen besser umgehen können. Deshalb laden wir die Kinder unserer Seminarteilnehmer gratis zum Seminar ein.

*Können wir QCT auch für Katastrophen- oder Krisengebiete nutzen?*

Grundsätzlich ja, da wir mit der Gruppenenergie der betroffenen Menschen oder der Erdenergie der betroffenen Region arbeiten können. Wir sollten nur achtgeben, dass wir nicht zu Weltrettern werden, die gegen das Böse kämpfen. Wir helfen dann nicht wirklich, weil wir nur Öl in das Feuer der Illusion von Dualität gießen.

# Teil 4

# Projektplanung

# Allgemeine Erklärung

Warum sollen wir überhaupt ein Projekt planen? Mit diesem Teil des Buches möchte ich Sie, liebe Leserin und lieber Leser, ermutigen, Ihre Träume und Visionen Wirklichkeit werden zu lassen. Projekte sind ein hervorragender Katalysator, mit dem wir unsere Träume realisieren und gleichzeitig unsere Potenziale verwirklichen. Eine Projektplanung, die uns hilft, das effektiv und effizient umzusetzen, ist ein sinnvolles Hilfsmittel bei diesem Vorhaben.

Ich hatte in den letzten 25 Jahren viele Ideen und Visionen. Die meisten sind Träume geblieben, manche habe ich umzusetzen begonnen, doch von diesen sind die meisten nichts geworden oder sie haben sich anders entwickelt, als ursprünglich gedacht. Einige habe ich erfolgreich realisiert. Allen meinen Projekten gemeinsam ist, dass sie mich viel gelehrt haben. Darum waren sie alle gleich wertvoll oder in Bezug auf mein persönliches Wachstum gleichwertig. Außerdem trugen alle diese Erfahrungswerte dazu bei, dass ich Ihnen nun diese Projektplanung vermitteln kann.

Ich habe bereits erläutert, dass jeder von uns eine von der Seelenebene ausgehende Berufung hat. Zu deren Umsetzung haben wir bestimmte Fähigkeiten, Potenziale und äußere Unterstützung mitgebracht. Mithilfe von Projekten können wir uns diese schlummernden Potenziale erschließen. Dies geschieht, indem wir unserer Herzensstimme folgen und unsere Träume leben.

An dieser Stelle taucht in den Seminaren meistens die Frage auf: „Wie erkenne ich einen echten Herzenstraum, der im Einklang mit meiner Berufung schwingt – und wann ist es nur ein Wunsch des Ego, das mich ablenken will?" Auf diese sehr berechtigte Frage erzähle ich immer eine kleine Geschichte, die mir vor vielen Jahren ein Tibeter in Nepal übermittelt hat.

„Es war einmal ein Räuber in den endlosen Weiten der tibetischen Berge unterwegs, der davon lebte, Reisende auszurauben. Eines Tages hörte er von einem heiligen Eremiten hoch oben in den Bergen, der sich angeblich unsichtbar machen konnte. Diese Nachricht erregte den Räuber, denn er malte sich all die Vorteile aus, die ihm die Beherrschung dieser Kunst bieten würde. So könnte er die Menschen viel leichter ausrauben, ohne erwischt zu werden. Von dieser Vision angespornt, suchte er wochenlang nach dem Eremiten. Als er ihn schließlich fand, bat er um Unterrichtung in der Kunst, sich unsichtbar zu machen. Der Heilige durchschaute den Räuber natürlich sofort, dennoch willigte er ein. So kam es, dass der Räuber in Meditations- und vielfältigen weiteren esoterischen Techniken unterwiesen wurde. Er übte sie auch ausdauernd, wollte er doch so schnell wie möglich ein noch viel effektiverer Räuber sein ...

... 30 Jahre später war er tatsächlich in der Lage, sich unsichtbar zu machen, aber er verspürte nicht länger das Bedürfnis, Menschen auszurauben. So gesehen ist es gleich, ob unser Projekt im Einklang mit unserer Berufung steht oder ob wir mit einem Wunsch des Ego beginnen und dann letztlich doch unser wahres Potenzial und unsere Berufung erkennen. Wenn wir mit der Verwirklichung unserer Wünsche beginnen, stellen wir entweder fest, dass es nicht funktioniert, weil es sich nur um einen Wunsch des Ego handelt, der uns vom Wesentlichen ablenkt. In diesem Fall können wir den Wunsch getrost loslassen und sind um eine Illusion freier. Oder wir überwinden die Hindernisse auf dem Weg der Projektrealisierung und wachsen persönlich daran. Wenn wir schließlich das Projekt verwirklicht haben, ist uns das Endprodukt gar nicht mehr wichtig, weil wir die Reise und unser Wachstum als die wesentlichen Gewinne erkannt haben – so wie unser Räuber in der Geschichte. Eine andere Möglichkeit ist, dass sich das Projekt von vorneherein im Einklang mit unserer Berufung befindet. Der Weg dorthin dient dazu, alles Behindernde in uns aufzulösen und unsere Potenziale freizulegen und zu entfalten. Wie auch immer es sich entwickeln mag, wenn wir es richtig zu betrachten wissen, gewinnen wir immer.

Wie funktioniert eine Projektplanung?

Ich möchte Ihnen zuerst einmal erklären, wie meine Projektplanung grundsätzlich abläuft und dann anhand von mehreren Beispielen praktisch erläutern. Dann fällt Ihnen Ihre eigene Projektplanung leicht.

# Die fünf Schritte der Projektplanung

1. Brainstorming – Ideensammlung

2. WWW-Planung

3. Zeit, Ressourcen und Zuständigkeiten einteilen

4. Zeitplan festlegen

5. Messen, Managen und Feiern

## Schritt 1: Brainstorming – Ideensammlung

In Schritt 1 halten wir unsere Ideen, Wünsche, Inspirationen und Visionen fest, so wie sie uns gerade in den Sinn kommen. Diese wertvolle Gärungsphase sollten wir bewusst durchlaufen. Der Prozess verläuft bei jedem Menschen ganz unterschiedlich. Manchmal fallen uns Dinge plötzlich beim Spazierengehen ein, unter der Dusche, beim Autofahren et cetera. Diese Ideen sammeln wir zuerst einmal und notieren sie, ohne sie zu hinterfragen oder bereits an die Planung zu denken. Wollen wir diese Inspirationen gezielter finden, können wir uns eine Auszeit nehmen. Dies kann ein Wochenende sein, an dem wir nichts anderes tun, als uns mit der Frage zu beschäftigen: „Was will ich wirklich?" Diese Frage können wir auch in einer Meditation in uns wirken lassen. Wir gehen in den Delta-Zustand der tiefen Entspannung und nehmen von dort mit unserer Seele Kontakt auf. Wir können diese Meditationen so lange wiederholen, bis die Ideen deutlicher werden.

Der Sinn dieser Ideensammlung ist, Klarheit darüber zu gewinnen, was wir in unserem tiefsten Inneren wirklich wollen. Wenn wir so weit sind, dass wir diese Erkenntnis in einem Satz, ein paar Worten oder gar einem Wort zusammenfassen können, folgt Schritt 2.

Manchmal wissen wir bereits, was wir wollen und können gleich mit Schritt 2 beginnen. Ein anderes Mal gehen wir Wochen oder Monate „schwanger" und die Klarheit entwickelt sich nur häppchenweise.

## Schritt 2: WWW-Planung

Die drei Ws stehen für Was, Warum und Wie.

### *Was will ich?*

Beschreiben Sie so genau, klar und kurz wie möglich Ihr Ziel, beziehungsweise den Zustand, den Sie erreichen, sprich erleben wollen. Diese Zielbeschreibung ist wichtig: Wie sollen Sie irgendwohin kommen, wenn Sie gar nicht wissen, wo es hingehen soll? Wie wollen Sie den Kurs beobachten und nötigenfalls korrigieren, wenn Sie nicht wissen, wohin Ihre Reise geht?

### *Warum will ich das?*

Ihre Motivation für das Erreichen dieses Ziels zu kennen, ist genauso wichtig wie das Ziel selbst, denn wenn Sie nicht wissen, warum Sie etwas wollen, geben Sie beim ersten Hindernis auf. Dieser Motivationsfaktor muss ein echter, gefühlter sein, sonst hat er nicht genügend Kraft, um uns über die unweigerlich auftauchenden Hürden zu tragen. Von daher reichen rationale oder rein äußerliche Motivationsfaktoren wie „Es ist gesund, das zu machen", oder „Wenn ich dieses Ziel erreiche, kann ich mir ein neues Auto leisten" meistens nicht sehr weit.

### Wie kann ich es erreichen?

Erst das Wie befasst sich dann mit praktischen Aspekten der Umsetzung. Erst in dieser Phase ist es sinnvoll, sich damit zu beschäftigen. Wenn Sie wissen, was Sie wollen und warum, kommen Ihnen die Ideen zum Wie viel leichter. Auch hier können Sie wieder die Meditation zur Inspiration nutzen. Halten Sie alles fest, was Ihnen einfällt oder an Informationen zugetragen wird. Was muss geschehen, welche Resultate müssen eintreten, damit Ihr Ziel erreicht wird? Machen Sie eine Liste. Wenn es dann an die konkrete Umsetzung geht, beginnen Sie damit, diese Liste der Wichtigkeit nach zu ordnen. Dann leiten Sie erste Aktionsschritte ein.

## Es folgen Schritte 3 bis 5.

Nachdem Sie die unverzichtbaren Resultate markiert haben, ordnen Sie alle Punkte auf Ihrer Liste den einzelnen „Muss-Resultaten" zu und bringen diese Blöcke in die Reihenfolge ihrer Wichtigkeit und Dringlichkeit. Dann beginnen Sie, den einzelnen Aspekten den geschätzten Zeitaufwand zuzuordnen, damit Sie anschließend mit der konkreten Zeitplanung ansetzen können. Nachdem Sie Ihre Woche, den Monat und das Quartal geplant haben, folgt die Umsetzung, die Sie fortlaufend auswerten und anpassen.

All das mag sich nach einer Menge Arbeit anhören. Anfangs stellt es tatsächlich einen gewissen Aufwand dar, der Ihnen dann aber im Verlauf des Projektes nicht nur enorm viel Zeit spart, sondern auch Ihre Chancen auf Erfolg enorm erhöht. Teilaspekte dieser Auflistung können Sie in diversen Zeitmanagementsystemen finden. In sehr guten Ausgaben finden Sie alle Aspekte aufgeführt. Alle diese Systeme vernachlässigen jedoch die tieferen Gründe des Misserfolgs und wie Sie damit umgehen können.

Aus meiner Sicht gibt es zwei Kategorien von Gründen, warum wir mit einem Projekt scheitern. Die eine ist, dass sich das Projekt nicht im Einklang mit unserer Bestimmung befindet. Wären wir mit einem solchen Projekt erfolgreich, würde uns dies von unserem eigentlichen Seelenweg ablenken. Deshalb blockiert unsere Seele das Projekt. Je schneller wir erkennen, dass eine Idee nur ein Wunsch des Ego war, die uns von unserem Seelenweg abbringt, desto früher können wir das Projekt loslassen und uns den wesentlichen Dingen unseres Lebens zuwenden. Es handelt sich also nicht um einen Misserfolg, sondern um einen Erfolg, weil wir keine weitere Zeit auf etwas verschwenden, das uns nicht wirklich weiterbringt.

Die zweite Kategorie basiert auf Egoblockaden wie Ängsten, Schuldgefühlen und begrenzenden Glaubensmustern über uns selbst und die Möglichkeiten, die uns diese Welt bietet. Je konsequenter wir diese mit der Zwei-Punkt-Methode auflösen, desto schneller wird unser Projekt von Erfolg gekrönt sein. Auch hier ist der eigentliche Erfolg viel mehr als nur die Umsetzung des Projektes, da der viel größere Gewinn in der Befreiung von diesen Blockaden liegt.

So gesehen können wir nie verlieren, sondern immer nur alles gewinnen. Ganz gleich, welcher Natur Ihre Ideen gerade sein mögen, uralte Träume, die Sie schon ewig vor sich herschieben oder ganz neue spontane Geistesblitze: Geben Sie sich einen Ruck und setzen Sie diese um. Warten Sie nicht bis morgen. Fangen Sie jetzt an. Lesen Sie die folgenden Fallbeispiele, dann starten Sie noch heute den Schritt 1 Ihrer Projektplanung mithilfe der Zwei-Punkt-Methode.

# Beispiel 1: Vom Beruf zur Berufung

Viele Menschen haben einen Beruf, den sie schlimmstenfalls hassen und bestenfalls tolerieren. Das ist keine Grundlage für ein glückliches Leben und führt in den meisten Fällen über kurz oder lang zu Krankheit, Depression oder Sucht.

Wie zuvor dargelegt, hat jeder Mensch eine Seelenberufung. Unserer Seele geht es nicht darum, ob wir Geschäftsführer, einfacher Angestellter, freischaffender Künstler oder Therapeut sind, sondern darum, unsere Ängste zu überwinden, unser Selbstwertgefühl zu heilen, unsere begrenzenden Glaubensmuster aufzulösen, unsere Kreativität und Freude zu leben und vieles mehr. In welchem äußeren Umfeld wir das lernen, ist der Seele zweitrangig. Für manche Menschen geht es darum, aus einem begrenzenden beruflichen Umfeld auszubrechen und sich endlich zu verwirklichen. Für andere, die sich bereits ein passendes Berufsfeld ausgesucht haben, aber noch mit den Bereichen Erfolg oder Meisterung der Anforderungen kämpfen, geht es einfach darum, innere Begrenzungen aufzulösen, um so im Außen Erfolg und Erfüllung zu erfahren.

Ganz gleich, zu welcher Gruppe Sie gehören, die folgende Projektanleitung kann Ihnen als Leitfaden dienen, Ihren nächsten Schritt zu vollziehen. Ich werde Ihnen mit dem folgenden Fallbeispiel beide Ebenen darstellen, das Wechseln vom Beruf zur Berufung als auch den Erfolg mit der eigenen Berufung. Da ich zwar meine Berufung schon kannte und lebte, aber nicht erfolgreich genug, sodass ich sie mit einem normalen Brotberuf unterstützen musste, vermittele ich Ihnen mit meiner Geschichte ein leicht verständliches Beispiel. Es kann Ihnen dabei helfen, Ihre Berufung erfolgreich zu planen, ganz gleich, in welcher Position Sie sich gerade befinden.

## Schritt 1: Brainstorming – Ideensammlung

Vor einigen Jahren liefen meine Seminare gerade nicht so gut und ich musste notgedrungen einen Job im Verkauf annehmen, um meine Familie zu ernähren. Mein Klärungsprozess, was ich wirklich im Leben wollte, begann, während ich diesen Job ausübte und dabei so viel wie möglich über Marketing und Verkaufsstrategien lernte. Dieses Wissen wollte ich später für meine Seminare einsetzen. Sobald mir Ideen, Visionen, Wünsche et cetera in den Kopf schossen, notierte ich sie sofort und fasste sie abends auf einem Blatt Papier zusammen.

Diese Gärungsphase ist wertvoll und sollte bewusst vollzogen werden. Sie hilft bereits im Vorfeld, Ideen wirken oder gegebenenfalls wieder fallen zu lassen, sobald man erkennt, dass sie nicht wirklich das Erhoffte bringen. Ich fragte mich also immer wieder: „Was will ich wirklich?" Ich notierte die Antworten, die mir nicht unbedingt gleich nach der Fragestellung kamen, sondern irgendwann im Laufe des Tages beim Duschen, Joggen oder Spazierengehen. Das waren Gedanken wie „Ich will finanziell unabhängig sein, mit Menschen arbeiten, reisen, schreiben, Seminare geben, freie Zeiteinteilung, viel Zeit mit meiner Familie verbringen ..."

Ob Sie nun in einem normalen Alltagsjob gefangen sind, ihrer Berufung folgen oder um das Überleben kämpfen, beginnen Sie mit einer solchen Stoffsammlung und der Gärungsperiode, um mehr Klarheit zu erhalten.

## Schritt 2: WWW-Planung

Als ich eine grobe, unstrukturierte Stoffsammlung hatte, leitete ich diese in eine konkrete Planung über. **Das erste W steht für Was.**

Was ich wollte, formulierte ich nun anhand der Punkte

155

meiner Stoffsammlung so klar und präzise, wie ich konnte. Ich beschränkte mich dabei auf die reine Darstellung der Sache, ohne deren Auswirkungen ausführlich zu beschreiben. Das Ziel war, meine Vision kurz und bündig zu umschreiben. In der Essenz ging es mir um Folgendes: „international erfolgreiche Seminare abhalten".

Dieser kurze Satz beinhaltete alle wichtigen Punkte, über die ich in den vergangenen Wochen Klarheit gewonnen hatte. Ich würde mit Menschen arbeiten, ich konnte gleichzeitig reisen, mir meine Zeit frei einteilen und so auch viel Zeit mit meiner Familie verbringen. Die Seminararbeit würde die schriftstellerische Arbeit unterstützen. Und erfolgreiche Seminare eröffneten auch die finanzielle Freiheit, all dies zu tun.

Wenn ich mir diesen kurzen Satz sagte oder auf dem Papier anschaute, dann beinhaltete er alle für mich wesentlichen Elemente. Ich musste also nicht jedes Mal einen Roman lesen, um mir ins Bewusstsein zu rufen, was ich wirklich wollte.

Dieser erste Schritt in Richtung Umsetzung ist wichtig, denn nur mit einem klaren Ziel vor Augen können wir es auch erreichen. Sehr viele Menschen beklagen sich über ihre Lebensumstände, fragt man sie jedoch, was sie anstreben, fehlen klaren Aussagen. Meistens sind es nur zusammenhanglose Fragmente wie: „Ich will mehr Geld" oder gar „Ich will Millionär sein" (ohne zu wissen, was es bedeutet, Millionär zu sein), „Ich will reisen", „Ich will Spaß haben". Gleichzeitig wundern sich diese Menschen, dass diese Wünsche nicht in Erfüllung gehen. Dabei fehlt bereits der erste Schritt zur Umsetzung: So viel innere Klarheit zu entwickeln, dass sie wissen, was sie wirklich wollen und die Fähigkeit, das in einem einfachen Satz auszudrücken.

Wie sieht es bei Ihnen aus, liebe Leserin, lieber Leser? Können Sie hier und jetzt in einem Satz sagen, was Sie wollen? Wenn nicht, beginnen Sie nun damit. Nehmen Sie ein Stück Papier und fragen Sie sich „Was will ich wirklich?" Notieren Sie alle Ideen, die jetzt auftauchen und was immer Ihnen im Lauf des Tages und in der nächsten Zeit noch einfällt. Das verfolgen Sie so lange, bis sie in der Lage sind, einen klaren, kraftvollen Satz zu formulieren, der Ihrer Meinung nach alles für Sie Wichtige zusammenfasst.

Klarheit über das eigene Ziel zu finden, ist enorm hilfreich und kann als praktische Navigationshilfe eingesetzt werden. Wenn wir im Verlauf der Planung und Umsetzung an Punkte gelangen, an denen wir uns verzetteln und Zeit und Energie in Sachen stecken, die uns nicht wirklich weiterbringen, prüfen wir dies durch einen einfachen Selbst-Check. Wir fragen uns: „Was trägt diese Aktivität zum Erreichen meines Ziels bei?" Nur wenn wir eine klare und sinnvolle Antwort geben können, machen wir weiter. Ansonsten sparen wir uns den Umweg und richten unsere Aufmerksamkeit wieder auf sinnvollere Aktivitäten.

Zur klaren Formulierung dieses Gedankens noch eine Anregung: Bedenken Sie immer, dass wir ernten, was wir säen. Wir strahlen mit jedem Gedanken und jeder Emotion eine Botschaft aus, die sich in unserem Leben widerspiegelt. Wünschen wir uns etwas, strahlen wir damit automatisch einen Mangel aus. Denn mit dem Wunsch sagen wir: „Ich habe diese Sache nicht und fühle deshalb einen Mangel. Deshalb hätte ich sie gerne, damit es mir besser geht." Dieses energetische Universum, in dem wir glauben, wirklich zu sein, funktioniert nach dem Resonanzgesetz. Wenn wir einen Mangel ausstrahlen, muss unsere äußere Realität diesen Mangel widerspiegeln.

Wenn ich mir also erfolgreiche Seminare wünsche, damit ich über mehr Geld verfüge, in dem Glauben, glücklich zu sein, bin ich auf dem Holzweg. Dies aus zwei Gründen: Zum einen hat mein bewusster Verstand herzlich wenig Kraft im Vergleich zu meinem Unbewussten. Wenn ich den Wunsch ausspreche oder ihn vielleicht viele Male am Tag als Bekräftigungsformel vor mich hin murmele und mir das Gewünschte vorstelle, während ich mich auf meiner unbewussten Ebene als erfolglos, arm und bedürftig erlebe, dann strahlt dieses Unbewusste immer stärker aus und gestaltet dementsprechend meine Realität.

Zum anderen: Selbst wenn sich unsere unbewusste Überzeugung im Einklang mit unserem Wunsch befände, drücken wir allein schon durch die Formulierung des Wunsches immer noch einen Mangel aus. Deshalb kommen hier nun zwei sehr wichtige Aspekte zum Tragen, die die Manifestationsarbeit mit QCT anders und so erfolgreich machen.

Erstens: Wir wählen die Realität, die wir zuvor formuliert haben. In meinem Fall war das: „Ich wähle, international erfolgreiche Seminare abzuhalten."

Wählen ist grundsätzlich anders als wünschen, bestellen, hoffen, bitten, erbeten, wollen, bestimmen, fordern et cetera. Wählen ist vollkommen neutral. Ich treffe eine einfache Wahl, so wie ich zwischen Kaffee oder Tee wähle. Damit drücke ich weder Mangel noch Widerstand gegen die aktuelle Situation oder Bedürftigkeit irgendwelcher Art aus. Im Gegenteil, ich erkenne meine natürliche Schöpferkraft an und wähle meine Realität vollkommen frei. Wir tun dies aus dem Verständnis heraus, dass dieses Leben unsere Realität ist, die wir durch die Ausstrahlung unserer Gedanken und Emotionen gestalten. Beginnen wir, so zu denken, dann können wir auch entscheiden, welche Realität wir künftig erleben. Diese zeigt sich dann aufgrund des Resonanzgesetzes auch so.

Wenn wir beginnen, unsere Realität auf diese Art bewusst zu gestalten, ist unsere Ausstrahlung natürlich noch nicht hundertprozentig, das heißt, wir strahlen neben der Wahl für eine bestimmte Realität auch den Zweifel, das mangelnde Selbstwertgefühl und so weiter mit aus und erhalten deshalb gemischte Resultate. Viele Menschen machen an diesem Punkt den Fehler, das Kind mit dem Bade auszuschütten. Sie probieren ein paar Mal, etwas zu wählen und haben nur begrenzten Erfolg. Sie achten nicht auf ihre zweifelnden Gedanken und ihr Gefühl, sie „seien es nicht wert". Dann folgern sie, dass diese Methode nicht funktioniert, und wenden sich wieder ihrem alten Weltbild zu, mit dem sie bereits bestens vertraut sind. Sie erkennen nicht, dass sie genau das bekommen haben, was sie ausstrahlen: ein bisschen Erfolg aufgrund der neuen Sichtweise und viel Misserfolg aufgrund ihrer alten Sichtweisen und der Zweifel, ob die neue Vorgehensweise auch wirklich funktioniert.

Der richtige Weg ist, den Teilerfolg anzuerkennen und darauf aufzubauen und gleichzeitig die hinderlichen Zweifel und Glaubensmuster zu transformieren.

Zweitens: Wenn Hindernisse auftauchen, lösen wir sie mithilfe der Zwei-Punkt-Methode auf.

Wird unsere bewusste Wahl durch unbewusste Programmierungen behindert, lösen wir diese Schicht für Schicht auf. Wir tun das, solange wir noch das Gefühl haben, dass mögliche unbewusste Programmierungen als Hindernis oder Sabotage wirken.

Wenn wir darum unsere Vision vor Augen haben und Zweifel aufkommen, ob wir es schaffen, oder ein mulmiges Gefühl mangelnder Größe für eine so weitreichende Vision, oder wir uns frustriert fühlen, weil diese noch nicht Realität ist, dann kommt die Zwei-Punkt-Methode sofort zum Einsatz. Damit bringen wir uns immer stärker in Einklang mit unserer Vision, das heißt, wir schließen die Lücke zwischen unserer Vision und unserer inneren Realität. Wenn Vision und inneres Empfinden deckungsgleich sind, spiegelt unsere äußere Realität dies wider.

**Nun kommen wir zum zweiten W, dem Warum.**
Warum will ich international erfolgreiche Seminare abhalten? Jetzt geht es um die emotionale Triebfeder, nicht um äußere Faktoren, Verdienst oder freie Zeiteinteilung. Die Motivation zu erkennen und geklärt zu haben ist enorm wichtig, denn dies ist die Kraft, die uns Hindernisse überwinden lässt. Viele Projekte scheitern nicht daran, dass sie schlecht waren oder die Zeit nicht reif, sondern an mangelnder emotionaler Kraft, die Hürden, die zwangsläufig auftauchen, zu überwinden. Für mich waren die zwei Hauptpunkte Erfüllung und Freiheit.

Mit Menschen zu arbeiten und ihnen zu helfen, ihren Weg und ihren Platz im Leben zu finden, gibt mir ein tiefes Gefühl der Erfüllung. Das Ganze geschieht, ohne dass ich ein Helfersyndrom auslebe oder mir super vorkomme, sondern mit einem tiefen Gefühl der Dankbarkeit für das Privileg zu dienen. Dies ist nach wie vor die größte Belohnung: Ich erlebe, wie Menschen ihre gesundheitlichen, Beziehungs- oder Finanzprobleme auflösen und auf ihrem Weg Glück und Erfüllung finden. Das alleine wäre ausreichend Motivation, meiner Berufung zu folgen, auch ohne die damit verbundene Freiheit.

Der Lebensstil eines internationalen Seminarleiters mit freier Zeiteinteilung, kreativer Gestaltung der Arbeit und örtlicher Ungebundenheit stellt für mich ein großes Maß an Freiheit dar. Heute, da ich dieses Buch schreibe und meine Ziele dieses Projektes erreicht habe, kann ich bestätigen, dass dieser Lebensstil mir ein relativ großes Maß an Freiheit vermittelt. Ich sitze mit einem 1200 Gramm leichten Laptop auf Hawaii und führe meine Firma mit ein paar Stunden Arbeit am Tag von dort aus beziehungsweise von dort, wo ich gerade bin. Diese äußere Freiheit gibt mir die Möglichkeit, immer tiefer in meine innere Freiheit einzutauchen, was wiederum zu mehr äußerer Freiheit führt. Es ist ein angenehmer Lebensstil, den ich genieße.

Diese beiden Motivationsfaktoren „Erfüllung durch Dienen" und „Freiheit", halfen mir weiterzumachen, auch wenn die Täler tief und die Durststrecken lang waren.

Nachdem das Was und Warum klar waren, wandte ich mich dem Wie zu.

**Wie kann ich das umsetzen?**

Auch hier begann ich mit einer losen Stoffsammlung. Alles, was mir durch den Kopf schoss, notierte ich, ohne es zu hinterfragen, zu strukturieren oder irgendwie zu ordnen. Ich nahm die Frage des Wie mit in meine Meditationen, auf Spaziergänge und in Gespräche mit meiner Frau oder Freunden. Ich war offen für „zufällige" Inspiration aus Büchern oder Filmen. So sammelten sich alle möglichen größeren und kleineren Teilaspekte des Projektes, wie zum Beispiel Marketing, Anmeldesystem, Website, Seminarkonzept, Räume mieten, Termine festlegen, Buchhaltung ...

Auch beim Erkennen des Wie ist es ratsam, sich die Zeit zu geben, um die Dinge gären zu lassen. Dann können wir uns oftmals Fehler sparen, die aus überstürzten Aktivitäten resultieren. Andererseits ist es sogar noch wichtiger, dass wir im Flow bleiben und Aktionen, die anstehen, auch umsetzen. Die Unterscheidung zwischen hektischem Übereifer und dem spontanen Befolgen eines „geführten" Impulses ist eine Kunst, die wir durch Erfahrung lernen. Es ergibt sich auch ganz natürlich aus der Achtsamkeit. Je achtsamer wir vorgehen, desto mehr befinden wir uns im Einklang mit geführter Spontaneität.

Aus dieser Stoffsammlung erstellte ich zuerst einmal bestimmte Kategorien wie Inhalt, Marketing, Verwaltung und Buchhaltung. Diese Aufteilung ist grundlegend für jegliche Art von Geschäft und jedes berufliche Projekt. Ich muss den Inhalt (Produkt oder Dienstleistung) definieren, den potenziellen Kunden darauf aufmerksam machen (= Marketing), alle administrativen Aspekte wie Kundenbetreuung, Organisation et cetera ordentlich abwickeln und eine saubere Buchführung für das Ganze haben.

Meine sogenannten Muss-Resultate, unverzichtbare Resultate zur Erreichung meines Projektzieles, waren also:

o ein attraktives Seminarkonzept erstellen;
o erfolgreiche Werbung;
o ordentliche Verwaltung;
o saubere Buchhaltung.

Unter all diese Muss-Resultate setzte ich dann die unterschiedlichen Punkte, die im Laufe der Zeit ihren Weg auf meine Liste gefunden hatten. Diese führte ich gleich in der Reihenfolge ihrer Wichtigkeit auf, wie das nachfolgende Beispiel zeigt.

*Seminarkonzept:*
o Kernaussage des Seminars und Kundenvorteil definieren;
o allgemeine Inhaltsbeschreibung für die Kunden;
o detailliertes Skript für mich;
o Seminartitel bestimmen.

*Werbung:*
o Website;
o Prospekte;
o Artikel für Magazine schreiben;
o Werbepartner suchen.

*Verwaltung:*
o Büroservice für Kundenbetreuung finden;
o alle administrativen Richtlinien festlegen;
o alle organisatorischen Aspekte definieren.

*Buchhaltung:*

o Einnahmen und Ausgaben ordentlich sammeln und in Excel-Listen aufführen;
o Buchhaltungsservice finden;
o die ordentliche Abwicklung der Steuererklärung überwachen.

## Schritt 3: Zeit, Ressourcen und Zuständigkeiten einteilen

Nachdem ich wusste, was alles geschehen musste, konnte ich daran gehen, mir meine Zeit einzuteilen. Die Reihenfolge der obigen Muss-Resultate entspricht bereits der Reihenfolge ihrer Wichtigkeit, denn wie soll ich etwas bewerben, wenn ich nicht genau weiß, welches mein Produkt oder Service ist oder um welche Kunden sich meine Verwaltung kümmern soll, wenn ich keine Werbung gemacht habe. Dennoch laufen natürlich viele Dinge parallel. Diese gleichzeitigen Aktivitäten muss man berücksichtigen, wenn die Planung effektiv und effizient sein soll.

An dieser Stelle ist es sinnvoll, den Unterschied zwischen Effektivität und Effizienz zu verdeutlichen, denn dieser wird in unserer normalen Wirtschaftswelt oft ignoriert. Wir sind effizient, wenn wir uns mit dem geringstmöglichen Aufwand so schnell wie möglich vorwärts bewegen. Das sagt aber noch nichts darüber aus, ob wir auf dem richtigen Kurs sind. Wir können mit Vollgas in einer Sackgasse auf eine Betonwand zurasen und uns riesig über die schnelle Fahrt freuen, bis wir frontal gegen die Wand prallen.

Effektiv sind wir, wenn wir Schritte unternehmen, die uns in Richtung unserer Projektrealisierung bringen, allerdings müssen sie noch nicht effizient sein. Wir können uns auch im Schneckentempo in Richtung Ziellinie bewegen.

Richtig interessant wird es, wenn wir effektiv und effizient sind. Mit anderen Worten, wir sind effektiv, wenn wir die richtigen Dinge zur richtigen Zeit tun, und effizient, wenn wir sie mit dem geringstmöglichen Aufwand betreiben und gleichzeitig den größtmöglichen Gewinn erzielen.

Damit wir das erreichen, brauchen wir drei Dinge: Wir müssen wissen, wohin wir wollen und warum; wir müssen geistesgegenwärtig sein, um auf unsere Intuition zu hören, die uns führen will; und wir müssen achtsam sein, um zum einen die Hinweise, die uns den Weg zeigen, zu erkennen und andererseits die inneren Blockaden erkennen und diese mit der Zwei-Punkt-Methode auflösen.

Wenn wir wissen, wohin wir wollen, können wir immer wieder innehalten und uns fragen: „Bringt mich diese Aktivität meinem Projektziel näher?" oder noch besser „Ist dies die effektivste Aktivität, um mein Projektziel zu erreichen?" Wenn die Antwort „Nein" lautet, sollten wir uns überlegen, was wir tun müssen, um ein „Ja" als Antwort zu erhalten. Es wäre zum Beispiel einfach gewesen, mich vor der Ausarbeitung eines klar definierten Konzeptes in diversen Marketingmaßnahmen zu verstricken. Das hätte aber Zeit verschwendet, denn der Inhalt für Werbemaßnahmen basiert größtenteils auf dem Konzept. Deshalb räumte ich meiner Konzeptbeschreibung oberste Priorität ein. Glücklicherweise nahm das nicht allzu viel Zeit in Anspruch. Ich nahm mir ein Wochenende frei, um mich ganz darauf zu fokussieren, und am Sonntagabend dann an die folgende Zeitplanung zu gehen.

Mit dem Seminarkonzept hatte ich das Herzstück meines Inhaltes definiert, alles andere konnte ich daraus ableiten. Noch wichtiger: Beim Schreiben war mir klar geworden, dass meine Hauptaufgabe darin bestand, diese Kerninhalte zu liefern. Sie mussten nicht einmal perfekt formuliert sein. Dabei konnte mir ein Lektor oder Werbefachmann helfen, aber ich musste den Inhalt zur Verfügung stellen. Auf keinen Fall durfte ich mich darin verlieren, die unzähligen Details der Umsetzung komplett selbst zu bewältigen.

## Schritt 4: Zeitplan festlegen

Nun zur Zeitplanung an jenem ersten Sonntagabend. Ich wollte die Grundlagen für die erfolgreiche Umsetzung aller Muss-Resultate schaffen. Darum überlegte ich mir, was zuerst zu geschehen hatte. Ich brauchte einen Webmaster, eine Person für die Verwaltung und jemanden für die Buchhaltung oder einen Steuerberater. Ich teilte mir Zeitsegmente für die kommende Woche ein, in denen ich die passenden Personen ausfindig machen wollte. Ich plante, Bekannte anzuschreiben und deren Empfehlung für meine benötigten Dienstleister einzuholen sowie im Internet und in meinem Adressverteiler zu schauen. Für diese Aktivitäten setzte ich zuerst einmal drei Stunden an und markierte die geplante Zeit in meinem Kalender. Außerdem wollte ich bis Ende der Woche mein Konzept und Skript beendet haben. Dafür veranschlagte ich zehn Stunden. Also räumte ich mir jeden Tag zwei Stunden für das Schreiben ein.

Ein hilfreiches Werkzeug bei dieser Zeiteinteilung ist die sogenannte 80/20-Regel. Die Erfahrung zeigt, dass bei den meisten Projekten 80 Prozent der Wirksamkeit mit nur 20 Prozent der Aktionen erreicht wird. Mit anderen Worten, wenn zehn Punkte auf meiner Liste stehen, dann kann ich im Durchschnitt davon ausgehen, dass zwei davon mir ungefähr 80 Prozent der Leistung bringen, während die anderen acht Punkte nur 20 Prozent bringen. Daraus ergibt sich der logische Schluss, dass wir uns zuerst einmal dieser beiden Erfolg bringenden Dinge annehmen sollten, bevor wir unsere Zeit mit weniger wichtigen Punkten verschwenden. Im Fall dieser Projektplanung bedeutete das, zunächst die Schlüsselpersonen zu finden, bevor ich mir Gedanken über die Details von Verwaltung oder Werbung machte.

Zusätzlich setzte ich mir Zeitlinien für die verschiedenen Bereiche, um nichts aus den Augen zu verlieren. Ich wollte in der ersten Woche das Herzstück umsetzen: mein Seminarkonzept und das Skript zu Papier bringen sowie die Experten für Marketing, Website, Administration und Steuern finden. Dafür hatte ich 13 bis 15 Stunden veranschlagt und es als Teilzeitjob zeitlich neben meinem Hauptjob eingeplant.

Für die zweite Woche setzte ich Gespräche mit diesen Experten an, um zu klären, welche Informationen sie von meiner Seite für die künftige Arbeit benötigten. Mein Plan sah die Ausarbeitung all dieser Bereiche innerhalb eines Monats vor, sodass diese Dienstleister starten konnten und ich nur noch Inhalte bereitstellen, Abläufe koordinieren und Ergebnisse kontrollieren musste.

In meinem Fall waren die Bereiche Produkt (sprich Seminarkonzept und Skript sowie Teilnehmerunterlagen et cetera) und Buchhaltung relativ einfach. Ich musste nur einmal die Zeit aufwenden, mein Konzept zu schreiben und mich vom Buchhalter in der ordnungsgemäßen Buchführung unterweisen zu lassen, damit der Steuerberater am Ende des Jahres reibungslos arbeiten konnte.

Die Bereiche „Marketing" und „Verwaltung" mit den Schwerpunkten „Webdesign" und „Seminarorganisation" waren im Grunde genommen kleine Projekte in sich. Nachdem ich relativ schnell gute Mitarbeiter für diese Bereiche gefunden hatte, begannen wir mit der Planung einer Seminarsaison und einer gut gestalteten Website. Die Vorgehensweise in diesen Teilbereichen war dieselbe wie oben beschrieben. Ich setzte mir zum Beispiel ein Zeitlimit von vier Wochen für die Website. Dann unterteilte ich diesen Zeitraum in Etappen, in denen bestimmte Aspekte realisiert sein sollten. Jede Woche schätzte ich die benötigte Zeit und teilte mir die sieben Tage entsprechend ein. So arbeitete ich mich rückwärts vom Endziel in vier Wochen zu der jeweiligen Woche und dann zum jeweiligen Tag vor. Das hat den Vorteil, dass man bereits im Vorfeld sieht, wie viel Zeit der jeweilige Projektaspekt benötigt. Bei dieser Vorgehensweise stellt man oft fest, dass man etwas in vier Wochen erreichen möchte, was aber bei genauerer Betrachtung 300 Arbeitsstunden benötigt, oder es ist mit Verzögerungen zu rechnen, weil man auf bestimmte Dinge oder Dienstleistungen anderer Personen angewiesen ist, die den Zeitplan gefährden können. In diesem Fall gibt man von vorneherein einen größeren Zeitkorridor vor. Dabei ist es auch ratsam, die Planung am Ende noch einmal genau zu betrachten und sich zu fragen: „Stimmt die Reihenfolge oder fühlt es sich stimmiger an, die Dinge in anderer Abfolge zu tun?" Oft erspart uns die richtige Reihenfolge viel Zeit und Arbeit, denn sobald eine neue Information oder Person ins Spiel kommt, entfallen plötzlich Details.

Alles, was Sie delegieren können, sollten Sie abgeben. Natürlich müssen Sie es kontrollieren. Gekonntes Delegieren ist eine Kunstform. Sie sollten sich darin üben, denn es ist eines der effektivsten Mittel der Effizienz.

„Was kann ich kopieren oder adaptieren?" Oft haben wir Teilaspekte dessen, was wir machen wollen, schon einmal ausgeführt und können diese Teilaspekte übernehmen oder leicht abändern, damit sie für die neue Situation passen. In meinem Fall waren das zum Beispiel alte Unterlagen meiner früher gehaltenen Seminare. In diesen fanden sich bereits manche Aspekte meiner neuen Seminarreihe detailliert erklärt. Also konnte ich diese Segmente kopieren und in die neuen Unterlagen einarbeiten. Das ersparte mir Arbeitszeit.

## Schritt 5: Messen, Managen und Feiern

Am Ende der Woche prüfte ich mein geleistetes Pensum. Alles Unerledigte, das nach wie vor wichtig war, schob ich auf die nächste Woche. Manches erwies sich als überflüssig oder ich fand einen Weg des Delegierens. Das Erledigte nahm ich mit freudiger Dankbarkeit wahr. War es ein größeres Erfolgserlebnis, gab es Grund, ein wenig zu feiern.

In kurzen Stichpunkten hielt ich meine Erfahrungen, Höhen und Tiefen und vor allem Erfolge in einer Art Tagebuch, man könnte es auch Projektprotokoll nennen, fest. Dies führte ich, um später den Fortschritt besser nachvollziehen zu können, da Erinnerungen durchaus sehr verzerrt sein können.

Am Anfang bedeutet all dies ein wenig Aufwand und ist vielleicht gewöhnungsbedürftig, überwinden wir uns jedoch und halten es wenigstens einmal bei einem Projekt durch, erkennen wir sehr schnell die enormen Vorteile. Wir sehen viel klarer, was zu tun und was realistisch in bestimmten Zeitspannen machbar ist, wo wir im Verlauf des Projektes stehen oder was wir an unserem Plan verändern müssen, um weiterzukommen. Vielleicht erkennen wir auch, dass wir unser Projekt oder unsere Motivation anders definieren müssen, oder dass es gar nicht das ist, was wir wollen. All das ist in Ordnung, denn es dient unserer Klarheit und unserer persönlichen Entwicklung.

Diese strukturierte Vorgehensweise findet man in jedem guten Zeitmanagement-System. Was diesen aber fehlt, ist unsere ständige Transformationsarbeit mit der Zwei-Punkt-Methode. Das fügt der ganzen Sache eine völlig neue Dimension hinzu. Ich will Ihnen nichts vormachen. Nicht jedes Projekt läuft wie am Schnürchen, nur weil Sie diese Projektplanung anwenden. Manche Projekte mögen ganz mühelos funktionieren, weil alles passt. Das ist der Fall, wenn das Projekt in Einklang mit Ihrem Lebensweg steht und die Zeit reif dafür ist. Dann gehen Sie voller Enthusiasmus daran, es umzusetzen, und die Projektplanung ist nur noch der Zuckerguss auf dem Kuchen. Andere Projekte wiederum erweisen sich als schwierig oder zäh. Zweifel tauchen auf, Momente der Ratlosigkeit, der Frustration, der äußeren Widerstände und unerwarteter Probleme.

Und dann gibt es noch den inneren Schweinehund, der uns davon abhält, die perfekte Planung für diesen Tag umzusetzen und uns stattdessen ins Kino gehen lässt. Diese Zustände und Herausforderungen sind es, die wir mit der Zwei-Punkt-Methode auflösen. Sie sind Symptome unserer unbewussten Glaubensmuster, die uns beschränken, die unser Selbstwertgefühl sabotieren und die uns von der Umsetzung unserer Potenziale abhalten.

# Beispiel 2: Gesundheit und Fitness optimieren

PROJEKTPLANUNG FÜR OPTIMALE GESUNDHEIT
UND FITNESS

## Schritt 1: Brainstorming – Ideensammlung

Ich will mich klar und kräftig fühlen, eine Stunde joggen und lange Wanderungen machen können, Herausforderungen des Alltags wie Treppensteigen oder eine steile Straße emporzulaufen mühelos meistern, mich geerdet und leistungsfähig fühlen, Lebensfreude im Körper spüren, über ausreichende Fitness für Hobbys verfügen wie Tanzen, Kajak fahren, Tauchen ...

## Schritt 2: WWW-Planung

**Was will ich?**
Ich wähle, fit für den Alltag und meine Hobbys zu sein und mit einem leichten und leistungsfähigen Körper mein Leben zu genießen.

**Warum will ich das?**
Weil es mir Lebensfreude und Leistungsfähigkeit in allen Bereichen bringt. Das erhöht meine Lebensqualität im Hier und Jetzt.

**Wie erreiche ich das?**
Durch eine unterstützende tägliche Routine.

Stoffsammlung: regelmäßiges Joggen, Krafttraining, Yoga; erhöhte Achtsamkeit im Alltag auf Haltung, Atmung und Gedankenhygiene; Hobbys regelmäßiger ausführen oder neue Hobbys beginnen; auf gesunde Ernährung achten; einen Trainings-Buddy finden (ein Buddy ist ein Gefährte, der das Training zeitgleich absolviert); regelmäßige Massagen und Entgiftungen; Trainer engagieren.

## Schritt 3: Zeit, Ressourcen und Zuständigkeiten einteilen

Damit ich die Anfangshürden der Faulheit und inneren Überwindung leichter nehmen konnte, suchte ich mir einen Trainer und eine Yogalehrerin, die ich für den Zeitraum von acht Wochen zweimal pro Woche engagierte. So entwickelte ich von Anfang an gemeinsam mit meinem Trainings-Buddy (in diesem Fall war das praktischerweise meine Frau Moana) eine effektive Routine. Wir hatten die Tage von Montag bis Samstag auf Krafttraining, Yoga und Joggen aufgeteilt, sodass wir jeden Tag mit einer Aktivität gefordert, aber nicht überfordert waren.

Bevor wir mit dieser Trainingsroutine begannen, absolvierten wir eine reinigende Fastendiät, ergänzt durch einige Massagen und Behandlungen bei einem Chiropraktiker. Während der acht Wochen reservierten wir pro Woche einen Tag zur Reinigung und Entschlackung mit unterschiedlichen Maßnahmen wie zum Beispiel Salzbäder, Massagen, Sauna, einen Tag lang nur frische Säfte trinken et cetera. Wir kauften uns einige interessante Bücher zum Thema „Ernährung" und begannen wieder einmal mit neuen Konzepten und Rezepten zu experimentieren, um die Ernährungsweise zu finden, die uns in unserer aktuellen Entwicklungsphase am besten unterstützte (siehe Website *www.qct-seminar.com* unter „Service" und dort unter „Empfehlungen").

Für die erfolgreiche Umsetzung markierte ich zuerst meine Muss-Resultate:

o Trainer finden;

o Essensplan entwickeln;

o Entgiftung und Reinigung.

## Schritt 4: Zeitplan festlegen

Ich blockierte mir Zeiten in meinem Terminplaner für die Suche nach Trainern, Büchern und für das Lesen dieser Bücher. Das mag sich etwas übertrieben anhören, aber mir geht es einfach oft so, dass triviale Dinge meine Zeit rauben, wenn ich mir für die wirklich wichtigen Dinge keine festen Zeiten reserviere. Mein Terminplaner ist meine Art, klare Grenzen zu ziehen. Bei einem Projekt wie diesem läuft natürlich viel durch Synergien und nicht durch konkrete Planung. Wir fanden die Trainer ausschließlich durch Empfehlungen von Freunden. Ebenso wurden uns in dieser Zeit „zufällig" ein paar anregende Ernährungsbücher ans Herz gelegt. Vieles ergab sich einfach und musste gar nicht eigens geplant werden, bereits Geplantes erwies sich als überflüssig. Dadurch jedoch, dass ich mit einer konkreten Planung angefangen hatte, öffnete ich die Türen für diese Synergien und war bereit, den Hinweisen zu folgen.

Sobald die Trainer auf der Bildfläche erschienen, ergab sich aus den vereinbarten Trainingszeiten automatisch ein konkreter Trainingsplan für die Woche. Der Sonntag erwies sich als unser Ruhe- und Entgiftungstag, die Abende nutzten wir als Übungszeiten für neue Rezepte. Da ich die Bücher gekauft, die Lesezeiten im Terminkalender reserviert und die Trainer für acht Wochen im Voraus bezahlt hatte, hatte mein innerer Schweinehund kaum eine Chance, mich abzulenken. So entwickelte sich im Laufe von zwei Monaten eine recht beachtliche Steigerung meiner Leistungsfähigkeit. Vor allem wurde mir die Routine vertraut.

## Schritt 5: Messen, Managen und Feiern

Es machte mir Spaß, Joggen zu gehen und jedes Mal ein wenig schneller zu werden. Diese kleinen Erfolge hielt ich ab und zu in meinem Protokoll fest.

Einmal pro Woche erlaubte ich mir weniger gesunde Dinge wie Caffè Latte mit Kuchen, ein deftiges Abendessen in einem guten Restaurant, einen Kinofilm et cetera. Dies geschah weniger als Belohnung für das erfolgreiche Umsetzen des Projektes, denn die wahre Belohnung zeigte sich als Gefühl von wachsender Kraft und Ausdauer, von Leichtigkeit und mentaler Klarheit und vor allem zunehmender Lebensfreude, sondern vielmehr, um nicht pedantisch und einseitig zu werden. Wenn ich zu 90 Prozent gesundes Essen zu mir nehme und meine Fitness aufbaue, dann können die restlichen zehn Prozent so ungesund, aber lecker sein, wie sie wollen.

# Beispiel 3: Finanzplanung

Geldfluss ist ein wichtiger Energiefluss in unserem Leben, den wir gleich nach der Ausrichtung auf unsere Bestimmung und auf einen gesunden Lebensstil berücksichtigen sollten. Ein blockierter Geldfluss wirkt sich negativ auf unsere Beziehungen und allgemeine Lebensfreude aus. Davon kann ich wohl ein Liedchen singen, denn vor meinem Erfolg mit QCT war Geldknappheit mein ständiger Weggefährte.

Diese Zeit knapper Mittel und Schulden lehrte mich vieles, unter anderem das emotionslose Jonglieren mit Geld, das Urvertrauen, dass es immer irgendwie weitergeht und letztlich, dass die Quelle des Geldes nicht mein Beruf oder eine sonstige Ursache „dort draußen" ist, sondern meine innere Fülle. Ich musste die blockierenden Faktoren in meinem Bewusstsein erkennen und auflösen, damit ich diese Fülle ausstrahlen und diese sich in meiner Realität als Geld zeigen konnte. Es galt, unbewusste Schuld- und Minderwertigkeitsgefühle, begrenzende Glaubensmuster, emotionale Konditionierungen aus meiner Kindheit und anderen Leben und so weiter aufzulösen und so den Weg zur finanziellen Freiheit zu bahnen.

Eine ordentliche Finanzplanung kann diesen Prozess unterstützen. Bedenken Sie dabei, dass die Zahlenwerte relativ sind. Nicht jeder Mensch benötigt finanzielle Freiheit, um seinen Lebensplan zu verwirklichen. Geld sollte kein begrenzender Faktor sein, der uns von der Verwirklichung unserer Berufung abhält. Wenn wir unseren Lebensplan nicht umsetzen können, weil es an den Mitteln fehlt, dann ist es an der Zeit, diese in unser Leben zu bringen.

## Schritt 1: Brainstorming

Wir listen alles auf, was wir machen und haben möchten: Schuldenfreiheit; Reisen; größeres Haus mieten; zweites Auto kaufen, um effizienter im Alltag zu sein; den Kindern mehr private Ausbildung zukommen lassen; einen Zwei-Jahres-Geldpuffer haben; gesamte Lebenshaltungskosten durch passives Einkommen decken; nie mehr irgendetwas für oder wegen des Geldes tun müssen; in völliger finanzieller Freiheit leben, das heißt, alles jederzeit ohne Einschränkung durch Geldmangel machen zu können.

## Schritt 2: WWW-Planung

**Was will ich?**
Ich wähle, finanziell völlig frei zu sein.

**Warum will ich das?**
Es gibt mir ein Gefühl von Freiheit und Freude, da es meine innere Fülle widerspiegelt.

**Wie erreiche ich das?**
Bestseller-Bücher schreiben; erfolgreiche Seminare abhalten; meinen Herzenswünschen folgen, wie zum Beispiel *Village Towns* entwickeln. Dies erreiche ich durch konsequente Jahres- und Monatsplanung, kontinuierliches Schreiben und tägliches Vertiefen meines Fülle-Bewusstseins.

An diesem Punkt meines Lebens ist es relativ leicht, dieses Projekt zu realisieren, denn ich habe die Vorarbeit geleistet. Es gelang mir, mich aus dem finanziellen Morast herauszuarbeiten, indem ich meine Berufung gefunden und kontinuierlich umgesetzt habe.

Wenn Sie im Augenblick vor finanziellen Herausforderungen stehen und Ihre Berufung noch nicht gefunden haben, dann bietet es sich an, zuerst einmal an die Projektplanung „vom Beruf zur Berufung" zu gehen und parallel dazu eine Finanzplanung für die nächste Etappe zu erstellen. Denn es bringt meistens nichts, ein gigantisches Ziel wie absolute finanzielle Freiheit als Ziel zu wählen, wenn wir bereits bei der Zahlung der nächsten Miete Schwierigkeiten haben. Der Sprung ist zu groß. Beginnen Sie mit einer Planung, die Sie auf die nächste Ebene bringt. Werden Sie sich über Ihre Berufung klar und wie Sie diese erfolgreich umsetzen können. Unterstützen Sie diese, anfangs nötigenfalls noch mit einem Brotberuf. Planen Sie Quartal um Quartal, Jahr um Jahr immer größer werdende finanzielle Freiheit. Das Wichtigste an diesem Prozess ist die Transformation Ihrer Blockaden, die die Ausstrahlung Ihrer inneren Fülle zurückhält. Je schneller Sie damit vorankommen, desto schneller klingelt es in der Kasse.

Bei den weiteren Schritten verfahren Sie so, wie in den zuvor erläuterten Beispielen.

# Beispiel 4: Beziehungen harmonisieren

Beziehungen kann man nicht wirklich planen, zumindest nicht so wie Wirtschaftsprojekte, aber man kann ihnen mehr Zeit und Bewusstheit einräumen.

## Schritt 1: Brainstorming

Greifen Sie sich Ihre wichtigsten Beziehungen heraus und stellen Sie sich folgende Fragen. Notieren Sie die Antworten:
Was will ich von dieser Beziehung? Wieso brauche ich überhaupt diese Beziehung? Was zeigt mir diese Beziehung über mich? Was müsste ich in mir ändern, um diese Beziehung zu verbessern? Oder für Singles: Warum will ich eine Beziehung? Wie müsste ich sein, um die ideale Beziehung anzuziehen?

## Schritt 2: WWW-Planung

**Was will ich?**
Ein authentische, liebevolle Beziehung, die uns beide in die Freiheit führt.

**Warum will ich das?**
Weil Freiheit und Erwachen aus diesem Traum mein oberstes Ziel in diesem Leben ist. Eine solche Beziehung wirkt dabei als einer der kraftvollsten Katalysatoren.

**Wie erreiche ich das?**
Ehrliche Kommunikation; regelmäßige, gemeinsam verbrachte „Qualitätszeit"; Präsenz und Achtsamkeit üben.

Bei den weiteren Schritten verfahren Sie so, wie in den zuvor erläuterten Beispielen.

# Beispiel 5: Ein Projekt um der Freude willen – Tango mit der Familie

Dieses Projekt war kein schwieriges in Bezug auf seine Planung oder Umsetzung, man kann es auch kaum ein Projekt nennen. Es begann auch nicht mit der konkreten Idee, etwas Bestimmtes zu tun, sondern eher mit einem Gefühl und zusammenhanglosen Gedanken. Dennoch möchte ich an dieser Stelle davon berichten, da der Grundtenor wichtig ist: Dinge einfach der Freude halber zu machen. Ich glaube, dass es insbesondere in unserer Zeit sehr wichtig ist, mit freudvollen Aktivitäten eine Balance zu den Alltagsanforderungen zu schaffen. Das müssen keine großen Dinge sein, sie müssen kein Geld kosten und sie können alleine oder mit anderen ausgeführt werden. Die Hauptsache ist, dass sie uns Freude bereiten. Ich betrachte es als Minimum, jeden Tag wenigstens eine Sache zu tun, die meine Lebensfreude weckt, und mein langfristiges Ziel ist, einfach alles in Freude zu tun.

Bei mir begann das Tangoprojekt damit, dass ich einfach Lust verspürte, irgendetwas mit körperlicher Bewegung zu unternehmen, jedoch ohne Leistungsbezug oder Fitnessanspruch. Außerdem sollte es eine soziale Komponente aufweisen und etwas für die ganze Familie sein. Denn mit zunehmendem Alter entwickeln die Kinder unterschiedliche Interessen und Ansprüche. Dementsprechend wird es immer herausfordernder, alle vier Familienmitglieder unter einen Hut zu bringen.

Ich wollte etwas finden, das uns gemeinsam als Familie Spaß machte, eine körperliche Komponente aufwies – und es sollte neu für uns alle sein. Das Ganze gärte eine Weile in mir, bis mir eines Tages das Thema Tango durch den Kopf ging. Als ich die Idee meiner Familie unterbreitete, wurde dieser Vorschlag zwar nicht mit Begeisterung, aber doch mit Offenheit und Interesse aufgenommen. Sofort begann sich eine Kette von Synchronizitäten (vermeintlichen Zufällen) zu entwickeln. Unsere Tochter Layla kam am nächsten Tag mit einem Prospekt für einen Tango-Anfängerkurs nach Hause, den ihr eine Freundin gegeben hatte.

Als wir den Einführungsabend besuchten, stellte sich heraus, dass gerade ein begnadeter junger Tangolehrer aus Argentinien in der Stadt weilte. Der örtliche Tangolehrer hatte ihn eingeladen, die ersten beiden Unterrichtsstunden zu übernehmen. Dieser junge Mann zeigte sich derart virtuos, dass er uns vier mit dem „Tangofieber" ansteckte. Wir absolvierten nicht nur den regulären Anfängerkurs, sondern packten auch gleich noch die Gelegenheit beim Schopf und buchten bei ihm einige Privatstunden. Von da an war es um uns geschehen, wir hatten für die Kunstform Tango Feuer gefangen.

Tango ist eine ausgesprochen faszinierende Metapher und Schule für das Leben. Es geht um vieles: Führen und Geführtwerden; in der eigenen Mitte ruhen, klare Grenzen setzen und gleichzeitig die Grenzen des anderen respektieren; den Partner beziehungsweise die Partnerin im Herzen spüren und miteinander durch klare energetische Botschaften kommunizieren; einerseits wissen, wo man mit dem nächsten Schritt hinwill und andererseits jeden Augenblick offen zu sein für Veränderungen, um kreativ mit diesen umgehen zu können.

Tango gibt eine klare Struktur vor, die mit unzähligen kreativen Variationen gefüllt werden kann. Das macht die Sache spannend, abwechslungsreich und lebendig. Es war genau das, was ich mir gewünscht hatte. So geschah es ziemlich schnell, dass wir zwei- bis viermal die Woche zum Tanzen gingen und als Familie gemeinsam Spaß erlebten.

Das betrachte ich als ein riesiges Geschenk, wenn ich bedenke, wie viele Familien sich immer weiter voneinander entfernen, insbesondere, wenn die Kinder ins Teen-agoralter kommen. Auch bei diesem Projekt setzte ich die Zwei-Punkt-Methode ein. Ich transformierte vor jeder Tanzstunde alles, was meine Tangomeisterschaft blo-ckierte und verband mich mit dem morphogenetischen Feld des Tangos. Meinem Empfinden nach erlernte ich auf diese Weise Tango relativ schnell.

Ich habe diese Geschichte hauptsächlich erzählt, um Sie zu motivieren, Hobbys oder Aktivitäten zu finden, die Ihnen und Ihrer Familie Freude bereiten und die Familien-bande stärken. Selbst wenn Sie nichts für die ganze Fami-lie entdecken, so gibt es vielleicht zwei oder drei Aktivitäten, die Sie jeweils mit einem oder mehreren Familienmitglie-dern oder auch Freunden durchführen können. Damit tun Sie sich selbst und auch ihrem sozialen Umfeld etwas Gutes.

Bei allen anderen Schritten verfahren Sie so, wie in den zuvor erläuterten Beispielen.

# Beispiel 6: Den Alltag meistern

Oftmals scheitern Projekte oder Aktivitäten wie das geschilderte Tangovorhaben an den Herausforderungen des Alltags, die uns anscheinend weder die Zeit noch die Energie und Ressourcen lassen, um solche Dinge umsetzen zu können. Wenn das bei Ihnen der Fall ist, ist es sinnvoll, zuerst einmal den Alltag zu meistern, um so Freiräume für andere Projekte zu schaffen.

Ich strukturiere meinen Alltag kontinuierlich neu durch, da sich die Parameter immer wieder verschieben. Ich bin selbstständig, viel auf Reisen, die Kinder werden älter und so verändern sich die Anforderungen der Familie und die Erfordernisse meines Berufs- und Alltagslebens ständig. Das mag bei Ihnen ganz anders aussehen, aber wenn Sie folgende Schritte gehen und sich die richtigen Fragen stellen, werden Sie herausfinden, wie Sie Ihren Alltag optimieren können.

## Schritt 1: Brainstorming – Ideensammlung

Schreiben Sie die Dinge auf, die Sie stören, beziehungsweise die Wünsche, was Sie gern anders hätten sowie die Ideen, die Ihnen spontan während des Tages einfallen. Bei unserem letzten Aufenthalt in Neuseeland stießen wir auf folgende Themen: Reduzierung des häufigen „Taxidienstes" für die Kinder, alltägliche Arbeiten minimieren oder delegieren, mehr Qualitätszeit für die Familie gewinnen, weniger Zerstreuung, klarere Kommunikation.

## Schritt 2: WWW-Planung

**Was will ich?**
Eine klarere Alltagsstruktur, die mir mehr Freiräume bietet.

**Warum will ich das?**
Weil meine Zeit und Lebensenergie meine wertvollsten Güter sind, die ich nicht mit unnötigen Dingen verschwenden möchte. Weil ich mehr Freude und Lebensqualität empfinde, wenn ich fokussiert auf das Wesentliche bin.

**Wie erreiche ich das?**
Stoffsammlung: Abläufe auswerten und anpassen, mit allen Familienmitgliedern regelmäßig kommunizieren, meine Prioritäten und die meiner Familie prüfen und aufeinander abstimmen, Wochenplan erstellen, Familiensitzungen abhalten.

Muss-Resultate bestimmen und planen:
o  eigene Planung und Prioritäten festlegen;
o  Familiensitzung;
o  Prioritäten klären;
o  Wochenplan erstellen.

Ich nahm mir zunächst eine Stunde an einem Sonntagnachmittag, um meinen aktuellen Wochenplan anzusehen und festzustellen, was mir nicht gefiel. Wo wurde meine Zeit und Energie von Dingen verbraucht, die es mir nicht wert waren? Ich notierte meine Erkenntnisse. Was konnte ich ändern oder was mussten andere ändern, damit sich die Situation veränderte? Nachdem ich dazu einige Ideen gesammelt hatte, berief ich eine Familiensitzung ein, in der ich all das zur Sprache brachte. Dann klärten wir, was jeder für wichtig hielt und besprachen Wege der gemeinsamen Umsetzung.

Bei einer solchen Familienkonferenz ist es wichtig, jeden gleichermaßen zu Wort kommen zu lassen, die Standpunkte der anderen zu respektieren, offen für Inspiration zu sein und immer nach der größtmöglichen *Win-win-win*-Situation Ausschau zu halten. In diesen Gesprächen und im Brainstorming setzt häufig ein Bewusstseinsprozess ein (das dritte *win* steht hier für die Umwelt). Wir erkennen, dass es in Wahrheit gar nicht um Äußerlichkeiten geht wie das häufige Chauffieren der Kinder oder die lästige Hausarbeit. Es geht vielmehr darum zu erkennen, aus welchen unbewussten Motivationen heraus sich bestimmte Abläufe eingeschliffen haben oder warum uns etwas stört. Wenn wir diese Emotionen, Glaubensmuster und Verstrickungen erkennen, können wir sie mit der Zwei-Punkt-Methode lösen. Der Erfolg zeigt sich darin, dass Umstände sich ändern oder uns nicht mehr stören.

Nach solchen Familiensitzungen erstellte ich immer neue Wochenpläne mit klar verteilten Aufgaben, Verantwortungsbereichen und Kommunikationswegen. Natürlich klappt das nie perfekt, aber es läuft zunehmend reibungsloser und vor allem viel besser als ohne Aussprache und Planung.

Bei den weiteren Schritten verfahren Sie so, wie in den zuvor erläuterten Beispielen.

# Beispiel 7: Der Masterplan – das größtmögliche Potenzial entfalten

Die vorangegangenen Beispiele fließen alle in den sogenannten Masterplan ein. Der erste Grundstein des Masterplans ist das Erkennen und Umsetzen der eigenen Berufung. Des Weiteren ist es unerlässlich, die Kernbereiche unseres menschlichen Daseins zu meistern. Gesundheit und Fitness, ausgewogene Finanzen und harmonische Beziehungen bilden die anderen drei Ecksteine unseres Fundaments. Ein solches Fundament gibt uns die Grundlage und Kraft, unser Leben mit Freude und Kreativität zu gestalten, immer mehr in Fülle in allen Bereichen zu leben und somit in der Lage zu sein, diese Fülle mit unserer Umwelt zu teilen. Das ist die Grundlage für ein Leben in einer Haltung, anderen zu dienen und Nutzen zu bringen. Das ist der schnellste Weg zu der Befreiung aus der Illusion des Ego und zu einem erfüllten Leben in Glück und Freude.

Nun folgt auch hier der zweite Schritt, die WWW-Planung.

**Was will ich?**
Mein größtmögliches Potenzial entfalten.

**Warum will ich das?**
Weil ich die Freude, den Frieden und die Fülle, die ich bin, in jedem Augenblick leben möchte.

**Wie erreiche ich das?**
Die Bestimmung entfalten, Gesundheit, Finanzen und Beziehungen optimieren sowie die praktische Umsetzung durch ideale Tagesplanung.

Nachdem ich angefangen hatte, meine Berufung erfolgreich umzusetzen, meine Gesundheit und Fitness auf den richtigen Kurs gebracht hatte, meine Finanzen und alle meine verschiedenen Beziehungen immer harmonischer und liebevoller wurden, ergab sich automatisch eine ständig klarer werdende, praktische Umsetzung im Alltag. Dies ist natürlich ein fortlaufendes Projekt. Es bedeutet nicht, dass jeder Tag perfekt läuft. Aber es ist hilfreich, über einen guten Tagesplan sowie eine Wochen-, Monats- und Jahresplanung zu verfügen.

Für das kommende Jahr habe ich meine Seminarsaison und Weihnachtsferien geplant. Außerdem sind zwei weitere Bücher vorgesehen. Dadurch ergibt sich ein tägliches Schreibpensum. Das kann ich jedoch erfüllen, wo immer ich gerade bin. Ansonsten genieße ich Freiräume, in denen ich flexibel auf Angebote des Lebens reagieren kann. Der kommende Monat zum Beispiel ist mit der Fertigstellung eines Buches und gemeinsamer Zeit mit der Familie relativ dicht verplant. Mein idealer Tagesplan muss sich natürlich immer wieder den Gegebenheiten anpassen, besonders wenn ich auf Reisen bin. Aber grundsätzlich achte ich stets auf Ausgewogenheit in den Bereichen Arbeitszeit und Familie und auf meine persönlichen Anforderungen bei Gesundheit, Ruhe, Kontemplation und Planung, Freizeitaktivitäten und Weiterbildung.

Bei allen anderen Schritten verfahren Sie so, wie in den zuvor erläuterten Beispielen.

# Projektplanung – Vorlagen zum Kopieren

Die folgenden Seiten können Sie kopieren und im Laufe Ihrer Projektplanung ausfüllen.

## Die fünf Schritte der Projektplanung

1. Brainstorming – Ideensammlung

2. WWW-Planung

3. Zeit, Ressourcen und Zuständigkeiten einteilen

4. Zeitplan festlegen

5. Messen, Managen und Feiern

## Schritt 1: Brainstorming – Ideensammlung

Fragen Sie sich: Was möchte ich wirklich? Was möchte ich genau? Welche Erlebnisse und Erfahrungen wähle ich?

_____

_____

_____

_____

_____

_____

_____

_____

_____

_____

_____

_____

_____

_____

_____

_____

_____

_____

## Schritt 2: WWW-Planung

1. **W**as wähle ich zu erleben?

2. **W**arum möchte ich das erleben? (Wie werde ich mich fühlen, wenn ich es erreicht habe?)

3. **W**ie kann diese Vision Realität werden? Was muss ich erledigen, erreichen, erschaffen, übernehmen et cetera? Mit wem muss ich telefonieren oder mich treffen?

Was?_____

_____

_____

_____

_____

Warum?_____

_____

_____

_____

_____

Was?_____

_____

_____

_____

_____

## Schritt 3: Zeit, Ressourcen und Zuständigkeiten einteilen

o Bei den Punkten unter „Wie" die Prioritäten festlegen.

o 80/20-Regel anwenden >> Muss-Aktivitäten markieren (jene Aktivitäten, die geschehen müssen, damit das Projekt ein Erfolg wird)

o Zeitplanung:
   - Wie viel Zeit benötigt jede einzelne Aktivität?
   - Wie viel Zeit benötigen alle Aktivitäten zusammen?
   - Wie viel Zeit benötigen die Muss-Aktivitäten?

o Delegieren, Tauschen, Kopieren et cetera.

_____

_____

_____

_____

_____

_____

_____

_____

_____

_____

_____

_____

_____

## Schritt 4: Zeitplan festlegen

**Übertragung der Aktionspunkte aus der WWW-Planung in Ihren Zeitplaner**

Nehmen Sie zuerst die wichtigsten Muss-Resultate, gefolgt von allen anderen Punkten in der Reihenfolge ihrer Wichtigkeit und tragen Sie diese verbindlich in Ihren Terminplaner ein. Planen Sie mindestens die nächste Woche, besser noch den nächsten Monat beziehungsweise das Quartal. Bei größeren Muss-Resultaten beginnen Sie am besten mit einem Zeitlimit und unterteilen es dann in Segmente, bis sie letztlich bei den Aktivitäten für diesen Tag angelangt sind.

## Schritt 5: Messen, Managen und Feiern

1. Werten Sie den vergangenen Tag/die vergangene Woche aus.
2. Managen Sie Ihre Aktivitäten und planen Sie den nächsten Tag/die nächste Woche, streichen Sie, was erledigt oder unnötig wurde, verlegen Sie Unerledigtes vor, schauen Sie, ob noch mehr delegiert werden kann.
3. Feiern Sie Ihre Erfolge.

Man kann nur auf Erfolgen aufbauen. Machen Sie sich Ihre Erfolge bewusst. Wer seine Erfolge bewusst wahrnimmt, fühlt sich auch erfolgreich und zieht so aufgrund der Resonanz mehr Erfolg an.

Belohnen Sie sich für Ihre Erfolge (Kino, Essen zu zweit im Lieblingsrestaurant oder auch etwas Größeres – die Belohnung sollte proportional zum Erfolg stehen).

## Tagebuch

Notieren Sie täglich kurz Ihre:

o  Leistungen und Erfolge;
o  speziellen Augenblicke;
o  Belohnungen.

_____

_____

_____

_____

_____

_____

_____

_____

_____

_____

_____

_____

_____

_____

_____

_____

_____

_____

# Anhang

## Über den Autor

Geboren 1967 als Deutsch-Kanadier in München, 1986 Abitur in Landshut. Seitdem bereiste Andrew Blake die Welt und sammelte seine Erfahrungsschätze zum einen in der spirituellen Welt, wie zum Beispiel bei den Geistheilern auf den Philippinen, in den Klöstern Tibets, Nepals und Indiens, auf Stargate-Seminaren, Mer-Ka-Ba-Workshops und Ki-Trainings, begleitet von intensiven Literaturstudien, diversen Seminaren und persönlichen Counselling-Sitzungen. Zum anderen waren die alltäglichen Erfahrungen in der Kommunikation von Mensch zu Mensch, als Ehemann und Vater, aber auch als Selbstständiger im Geschäftsleben das Labor, in dem die philosophischen und spirituellen Ansätze angewandt und auf ihre Praktizierbarkeit hin geprüft wurden.

Nur das, was auch gelebt werden kann, hat Wert und fand den Weg in Andrew Blakes Seminare und Bücher. Seine neueste Errungenschaft bei den erprobten Hilfsmitteln ist die Zwei-Punkt-Methode, die er nun in QCT–Seminaren (Quantum Consciousness Transformation) weitergibt. QCT ist die effektivste Methode zur Selbstfindung, die er bisher entdeckt hat.

Andrew Blake, seine Frau Moana und ihre beiden Töchter Layla und Shana sind Weltenbürger. Sie pendeln zwischen Europa, Hawaii und Neuseeland und leben ihre Herzensprojekte, wie die Entwicklung von *Village Towns*, ganzheitlichen Dörfern als globale Lebensform der Zukunft, umzusetzen.

Mehr Informationen finden Sie unter:

*www.qct-seminar.com* und *www.villageforum.com*

## Seminare mit Andrew Blake

Die bisherigen *QCT-Intensiv-* und *Advanced-Seminare* liegen nun ausschließlich als Heimstudienkurse vor. Das QCT-Awakening wird im Oktober 2011 zum letzten Mal live abgehalten und wird danach ebenals nur noch als Heimstudienkurs verfügbar sein. Auf dem *Intensiv-, Advanced- und Awakening-Seminar* aufbauend, findet ab 2012 das *QCT-Live-Seminar* statt. Im *QCT-Live-Seminar* wird die Essenz der drei vorangegangenen Seminare vermittelt und dann weitergeführt. Es geht immer mehr darum, die eigene Essenz zu erleben und so die Beschränkungen dieses Ego-Traums aufzulösen. Das *Live-Seminar* vermittelt zusätzlich zu den QCT-Grundlagen die persönliche Entwicklung von Andrew und Moana des jeweils vorangegangenen Jahres und ist so immer neu und frisch.

Weitere Informationen finden Sie unter:
*www.qct-seminar.com*
oder telefonisch: +43(0)2272/20258

## Village-Town-Projekt

In Neuseeland entsteht gerade das erste *Village Town* als Pilotprojekt und Vorzeigemodell. Es soll die Entstehung weiterer *Village Towns* weltweit inspirieren.

Dieses innovative Projekt verbindet althergebrachte Weisheit mit moderner Technologie und Lebensführung zu einem ganzheitlichen Konzept für ein gesundes, auf allen Ebenen reiches und vor allem glückliches Leben.

Nähere Informationen unter: *www.villageforum.com*

## Bücher von Andrew Blake

# Zeitenwende 2012-2035

**Eine neue Ära menschlichen Bewusstseins beginnt.**

Das viel besprochene Jahr 2012 – bringt es Untergang, Aufstieg oder Neubeginn und wo führen die ersten Jahrzehnte danach hin?

Diese Geschichte erforscht die spirituellen und kosmischen Hintergründe, die 2012 seine Bedeutung verleihen. Sie folgt dem großen Plan zur Wiederherstellung des Christus-Gitternetzes über die Jahrtausende, anhand der vielfältigen Inkarnationen von John Bridges und dessen Zwillingsseele Adriane, den Helden dieses Romans.

Je tiefer John und Adriane in die Mysterien von Raum und Zeit, Ursache und Wirkung, Gut und Böse, Macht und Freiheit, Angst und Liebe eintaucht, desto mehr stellen sich dem Leser folgende Fragen: Warum bin ich hier? Was ist meine Bestimmung in diesem Leben? Welchen Teil des Plans habe ich zu erfüllen?

… sei vorsichtig mit Deinen Fragen, denn Antworten werden folgen.

Erschienen im März 2011
ISBN 978-3-033-02866-1

# QCT 3: Unsere Essenz leben

**Erscheint voraussichtlich März 2012**

In diesem dritten und letzten Band der QCT-Reihe, der seminarbegleitend zum *QCT Awakening* beziehungsweise zum *QCT Live* ist, taucht Andrew Blake noch tiefer in das Entdecken und Leben unserer Essenz ein.

Die in *QCT 2* vermittelte Fähigkeit, die Zwei-Punkt-Methode rein im Geist anzuwenden, wird in *QCT 3* weiterentwickelt. Es geht um das Erleben, dass die Blockade, der Lösungspunkt und der Lösungsimpuls mit dem Phänomen der Welle eins sind. Diese Vorgehensweise wurzelt in dem Verständnis, dass unser Erleben von Zeit und physischer Realität eine Illusion ist und wir nur deshalb einen Transformationsprozess erfahren, weil wir dies unbewusst so erwarten. In *QCT 3* üben wir uns darin, unser Bewusstsein für jene reine Betrachtungsebene zu öffnen, auf der alles hier und jetzt schon gelöst ist. Je mehr uns das gelingt, desto schneller laufen Transformationsprozesse ab, bis hin zu Spontantransformationen.

Zuerst führt *QCT 3* den Leser zu einer Übergangsform der Zwei-Punkt-Anwendung, die über die Methodik hinausgeht. Die herkömmliche Zwei-Punkt-Methode an sich ist ein Ritual, das eine Tür öffnet, durch die unsere Essenz für kurze Zeit wirken kann. In der Übergangsphase bauen wir in *QCT 3* auf dieses Ritual auf und gehen einen Schritt weiter in das Erleben unserer Essenz, wo wir in der Zeitlosigkeit des Hier und Jetzt bewusst wählen können, welche Realität wir erleben wollen. Dabei geht es darum, die Begrenzungen einer vorgegebenen Methodik hinter uns zu lassen und uns vollkommen unserer Essenz hinzugeben. Dadurch werden Transformationsprozesse wesentlich effizienter, manchmal finden sie sogar sofort vollständig statt und wir kommen viel tiefer in Einklang mit unserer Bestimmung.

Mit *QCT 3* vertiefen wir unsere Erfahrung damit, was es bedeutet, jeden Augenblick und jede Situation zur eigenen, inneren Befreiung nutzen zu können. Blockaden, Hindernisse und Begrenzungen im eigenen Geist werden erkannt und gleichzeitig gelöst. Somit geschieht Transformation augenblicklich. Diese Vorgehensweise führt den Anwender Schritt für Schritt zur Transzendenz dieser Scheinrealität. Dies ist der ideale Katalysator für persönliches Wachstum und letztlich Freiheit. Wirkliches und dauerhaftes Glück kommen nur aus dieser inneren Freiheit von der Illusion der Egowelt.

## Empfehlungen

Verschiedene Ergänzungen wie Bücher, Filme, Vitalstoffe et cetera, die von Andrew Blake persönlich getestet wurden, sind auf der QCT-Website *www.qct-seminar.com* unter Servicebereich/Empfehlungen aufgelistet und erläutert.

# QUANTUM CONSCIOUSNESS
# TRANSFORMATION

## QCT – QUANTUM CONSCIOUSNESS TRANSFORMATION

**Das Praxisbuch der 2-Punkt-Methode zur Quantenheilung durch Bewusstseinstransformation**

Andrew Blake hat das erste strukturierte Praxisbuch zu Quantenheilung und zur Zwei-Punkt-Methode ge-schrieben, das den Leser gezielt zur erfolgreichen Transformation von gesundheitlichen, partnerschaftlichen, finanziellen und beruflichen Schwierigkeiten führt und ihn dabei unterstützt, die eigene Bestimmung zu leben. Es enthält ein 30-Tage-Integrationsprogramm und eine Meditations-CD.

*213 Seiten, Hardcover • € 19,90 • ISBN 978-3-939570-96-7*

www.nietsch.de

# Meditations-CDs
## von Andrew Blake

## QCT
## Reise zur Quelle I

Verbindet Sie wieder mit Ihrer Seele, lässt Sie mehr Klarheit über Ihre Lebensbestimmung und den nächsten Schritt finden. Sie durchqueren das Universum und vereinen sich mit der Quelle allen Seins.

*CD, 72:44 Min • € 16,90*
*ISBN 978-3-86264-043-0*

## QCT
## Reise zur Quelle II

Stärken Sie die Umsetzung Ihrer Bestimmung und verbinden Sie sich wieder mit der Quelle Ihres Seins, indem Sie Ihren Lichtkörper aktivieren.

*CD, 67:58 Min • € 16,90*
*ISBN 978-3-86264-044-7*

## QCT
## Reise zur Mitte

Diese Reise zeigt Ihnen, dass alles in Ihrem Bewusstsein stattfindet. Erleben Sie Ihre eigene Schöpferkraft und lernen Sie so, alles in Ihrem Leben zu erschaffen.

*CD, 61:40 Min • € 16,90*
*ISBN 978-3-86264-186-4*

## QCT
## Reise ins Herz

Bringen Sie Ihr Leben mit Ihrer Bestimmung in Einklang, und erfahren Sie, wie es ist, aus Ihrem heiligen Herzraum heraus zu erschaffen und so die Grundlage für ein „wunder-volles" Leben hervorbringen.

*CD, 58:37 Min • € 16,90*
*ISBN 978-3-86264-187-1*

www.nietsch.de